Beim Kochen mit Wok, Römertopf® und Folie ist es empfehlenswert, eine Reihe von Zutaten immer vorrätig zu haben.

- Naturreis
- Basmatireis
- Verschiedenste Nudeln aus der asiatischen Küche (Glasnudeln, Reisnudeln etc.)
- Gemüse – auch tiefgekühlt
- Obst
- Kartoffeln
- Tiefgekühlter Fisch
- Gewürze aus der asiatischen Küche (Curry, Kardamom, Galgant, Kurkuma etc.)
- Sojasoße
- Ungesüßte Kokosmilch (Achtung: relativ fettreich, sparsam verwenden!)
- Hitzebeständiges Öl (z. B. Sesamöl, Rapsöl, Erdnussöl)

Bildnachweis:

Titelbild: Peter Bárci, Wien
S. 3 oben: stockbyte
S. 5 rechts unten MEV
S. 7 Kneipp-Verlag
S. 8 Kneipp-Verlag
S. 10 MEV
S. 11 Römertopf®
S. 98, 99 MEV
alle anderen Bilder Peter Bárci, Wien

ISBN 3-7088-0009-5

Autoren: Univ.-Doz. Mag. Dr. Ingrid Kiefer
Mag. Theres Rathmanner
Univ.-Prof. Dr. med. Michael Kunze

Layout, Satz, technische Bearbeitung: Hubert Liebenberger, Kneipp-Verlag

Druck: Theiss GmbH, A-9431 St. Stefan

1. Auflage

Leoben, Jänner 2005

Univ.-Doz. Mag. Dr. Ingrid Kiefer
Mag. Theres Rathmanner
Univ.-Prof. Dr. med. Michael Kunze

ABNEHMEN MIT ERFOLG

Schlank mit Wok, Römertopf® und Folie

Inhalt

Schlank ohne Diät für Wok, Römertopf®, Folie

Wok, Römertopf® und Folien passen perfekt in das Konzept von Schlank ohne Diät. Alle diese Geräte bzw. Utensilien erleichtern das fettarme, Nährstoff schonende Kochen und machen das Abnehmen äußerst schmackhaft.

Das Schlank-ohne-Diät-Kochbuch für Wok, Römertopf® und Folie enthält 65 Rezepte, vorwiegend Hauptspeisen, aus den Kategorien Vegetarisches, Fisch, Fleisch und Süßes, die das Abnehmen leicht machen und auch den Anforderungen der modernen Ernährungswissenschaft gerecht werden.

Das Prinzip von Schlank ohne Diät

Schlank ohne Diät ist ein seit Jahren erfolgreich durchgeführtes Abnehmprogramm, das vom Institut für Sozialmedizin der Medizinischen Universität Wien erarbeitet wurde. Dabei handelt es sich um ein umfangreiches, wissenschaftlich fundiertes Konzept, das eine Umstellung der Lebensweise zum Ziel hat. Mit einer Änderung Ihres Ernährungs- ebenso wie Ihres Bewegungs- und Essverhaltens können Sie lernen, Ihr Körpergewicht in den Griff zu bekommen.

Schlank ohne Diät ist – wie der Name schon sagt – keine Diät, sondern eine Lebensstiländerung, die langfristig beibehalten werden soll. Es ist also ein Langzeitprogramm und unterscheidet sich erheblich von einem Großteil aller Diäten, die man nach mehr oder weniger langer Dauer schließlich beendet. In vielen Fällen tritt nach Diäten der so genannte „Jo-Jo-Effekt" ein: Man nimmt wieder zu. Um das zu vermeiden, kommen bei Schlank ohne Diät bestimmte Prinzipien zur Anwendung, die ohne Leidensdruck und mit möglichst geringer Einschränkung der Lebensqualität durchgeführt werden können.

So gibt es beispielsweise weder Verbote noch Gebote. Sie müssen auf nichts verzichten, ebenso wenig sollen Sie plötzlich Lebensmittel essen, die Ihnen nicht schmecken. Vielmehr sollen Sie auf Alternativen aufmerksam gemacht werden, die sowohl dem Abnehmen dienlich sind, als auch schmecken. Essen soll Freude bereiten, der Genuss darf nicht zu kurz kommen. Diese Strategien erleichtern Ihnen die Durchführung des Programms und erhöhen die Chance erheblich, Ihr neu erlangtes Körpergewicht auch dauerhaft zu halten.

Das Prinzip von Schlank ohne Diät beruht auf den drei Säulen Ernährung, Bewegung und Verhaltensänderung. Im Bereich Ernährung gibt es zwei Ziele: Zum einen gibt es natürlich die Anleitung, wie Sie den Energie- und Fettgehalt Ihrer Ernährung verringern können, um abzunehmen, zum anderen sollen auch die Grundzüge einer gesunden Ernährung vermittelt werden.

Dieses Kochbuch ist als weitere Anregung und Hilfestellung für den Bereich Ernährung gedacht. Die jahrelange Erfahrung in der Beratung hat gezeigt, dass besonders die Umsetzung der

Abnehmtipps in die Praxis schwer fällt. Beim Durchblättern und Nachkochen der Rezepte können Sie erkennen, dass gesunde, kalorienarme Ernährung nicht aufwändig sein muss und – was uns ein besonderes Anliegen ist – gut schmeckt.

Essen dient aber nicht nur der Nahrungsaufnahme, sondern erfüllt eine Reihe weiterer Funktionen: Eine im Kreis der Familie eingenommene Mahlzeit oder ein Essen mit Freunden hat beispielsweise einen hohen sozialen und kommunikativen Stellenwert. Man bespricht dabei nicht selten die Probleme des Alltags und kann sich entspannen. Neben Geschmack und Gesundheitswert sollen natürlich auch diese wichtigen Funktionen des Essens im Rahmen von Schlank ohne Diät auf jeden Fall erhalten bleiben.

Die gesunde Ernährung in Kürze

Die Schlank-ohne-Diät-Küche unterscheidet sich nur unwesentlich von den allgemeinen Ernährungsempfehlungen. Auch sie baut auf der Lebensmittelpyramide auf.

Die Lebensmittelpyramide besteht aus fünf Lebensmittelgruppen. Je weiter unten ein Lebensmittel zu finden ist, desto häufiger sollte es konsumiert werden. Die Zusammenstellung der Pyramide signalisiert auch, dass die Ernährung so abwechslungsreich wie möglich gestaltet werden soll.

Die Basis der gesunden Ernährung bieten Getränke, vorzugsweise ungesüßt und kalorienarm. Aus der Gruppe **Brot, Nudeln, Reis, Getreide und Getreideprodukte** sollten täglich fünf Portionen verzehrt werden (vorzugsweise **Vollkornprodukte**), wobei eine Portion z. B. 30 Gramm Brot, 30 Gramm Getreideflocken, 125 Gramm gekochten Nudeln oder Reis entspricht.

Drei bis fünf Portionen **Gemüse** (jeweils 125 Gramm oder 1/8 Liter Gemüsesaft) und zwei bis vier Portionen **Obst** (jeweils ein Stück oder 125 Gramm oder 1/8 Liter Fruchtsaft) decken einen Großteil des Vitamin- und Mineralstoffbedarfs. Sie sollten auf das saisonale Angebot abgestimmt sein und Gemüse sollte zum Teil auch roh genossen werden.

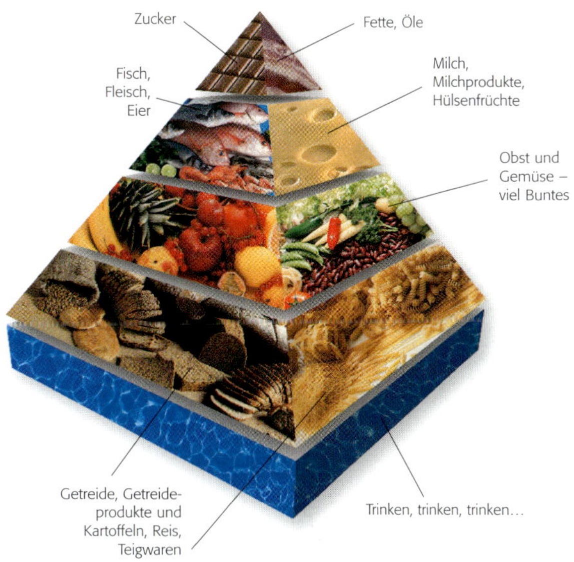

Grundsätzlich gilt: Je bunter die Ernährung, desto besser! Empfehlenswert ist ein „bunter Regenbogen" am Teller.

Von **Milch und Milchprodukten, Fisch, Fleisch, Wurst** (jeweils fettarme Varianten), **Eiern, Hülsenfrüchten und Nüssen** sollten fünf Portionen am Tag verzehrt werden, um in erster Linie die Eiweißversorgung sicherzustellen. 1/4 Liter Magermilch, Buttermilch oder Magerjogurt sowie 50 Gramm magerer Käse, 50 – 75 Gramm Fisch bzw. Fleisch sowie 125 Gramm gekochte Hülsenfrüchte stellen jeweils eine Portion dar, wobei Fisch 2-mal pro Woche und Fleisch und Wurstwaren maximal 3-mal pro Woche gegessen werden sollten.

Die Spitze der Pyramide bilden **Fette, Öle und Süßigkeiten.** Sie sollten dementsprechend nur in geringen Mengen konsumiert werden und stellen beim Abnehmen den wichtigsten Ansatzpunkt dar. Ein Gramm Fett liefert 9,3 kcal, mehr als doppelt so viel wie ein Gramm Kohlenhydrate oder ein Gramm Eiweiß (jeweils 4,1 kcal). Daraus ist ersichtlich, dass es besonders effektiv ist, Fett einzusparen. Darüber hinaus hat die Erfahrung gezeigt, dass es auch vergleichsweise leichter ist, auf fettreiche Nahrungsmittel zu verzichten als auf viele andere vorwiegend kohlenhydratreiche Lebensmittel. Sie werden vielleicht im Rahmen von Schlank ohne Diät die Erfahrung machen, dass Sie plötzlich größere Mengen essen als früher und trotzdem abnehmen. Das ist damit zu erklären, dass Sie zwar mehr, aber das Richtige essen. Achten Sie deshalb vor allem auf versteckte Fette in Fleisch, Wurst und Milchprodukten. Reduzieren Sie den Anteil an tierischen Fetten und verwenden Sie hauptsächlich Pflanzenöle.

Zusätzlich zur Fetteinsparung sollte auch möglichst wenig Zucker verzehrt werden. Fruchtzucker liefert genauso viel Energie wie Haushaltszucker, Honig und Ahornsirup nur geringfügig weniger (3 kcal pro Gramm). Fruchtzucker hat jedoch den Vorteil, dass er den Blutzuckerspiegel nicht zu hoch ansteigen lässt. Auf nahezu kalorienfreie Süßstoffe auszuweichen, kann eine Alternative sein. Am günstigsten ist es jedoch, insgesamt immer weniger zu süßen und sich langsam an weniger Süße in der Ernährung zu gewöhnen. In fast allen herkömmlichen Rezepten können Sie die Zuckermenge bedenkenlos um ein Drittel reduzieren, ohne damit geschmackliche Einbußen zu erleiden.

Genaue Informationen zu Schlank ohne Diät, den Ernährungs-, Bewegungs- und Verhaltensprogrammen finden Sie in unserem Buch „Schlank ohne Diät – Das Super-Abnehmprogramm“, das ebenfalls im Kneipp-Verlag erschienen ist.

Die Rezepte – Grundsätzliches

Fast alle Hauptgerichte im folgenden Rezeptteil liefern weniger als 400 kcal, Beilagen und Süßspeisen entsprechend weniger. Einige wenige Gerichte haben aufgrund von Zutaten wie z. B. fettreichem Fisch zwar einen etwas höheren Energie- und Fettgehalt, liefern allerdings gesundheitsfördernde Inhaltsstoffe (z. B. Omega-3-Fettsäuren), auf die auch beim Abnehmen nicht verzichtet werden sollte.

Ein wichtiges Anforderungskriterium an die Rezepte ist der Fettgehalt der Gerichte. Durch die Verwendung geeigneter Geräte, wie Wok, Römertopf® und Folien, kann man bei der Zubereitung auf Fett entweder ganz verzichten oder nur sehr geringe Mengen davon verwenden. Jedes der folgenden Rezepte ist äußerst fettarm, die meisten liefern unter 10 Gramm Fett pro Portion.

Gemüse und Getreideprodukte sind die Hauptzutaten der Gerichte in diesem Kochbuch, diese leisten einen wichtigen Beitrag zur ausreichenden Versorgung mit Vitaminen, Mineralstoffen, Ballaststoffen und sekundären Pflanzeninhaltsstoffen. Da man beim Abnehmen insgesamt meist geringere Nahrungsmengen aufnimmt, ist es besonders wichtig, dass die verzehrten Lebensmittel besonders reich an günstigen Inhaltsstoffen sind.

Gemüse liefert nur sehr wenig Energie, jedoch reichlich Schutzstoffe und ist deshalb beim Abnehmen besonders günstig: Man kann große Mengen davon essen, wird satt und nimmt trotzdem ab.

Bei der Auswahl der Zutaten wurde auch ein besonderes Augenmerk auf den glykämischen Index gelegt. Der glykämische Index beschreibt die Wirkung eines Lebensmittels auf den Blutzuckerspiegel, er sollte möglichst niedrig sein. Vollkorngetreideprodukte, Hülsenfrüchte, Obst (mit Schale) und Gemüse, also ballaststoffreiche Lebensmittel, haben einen niedrigen glykämischen Index und werden deshalb sehr häufig verwendet.

In den Rezepten werden hauptsächlich Vollkorngetreideprodukte (z. B. Naturreis) verwendet. Aber auch Basmatireis, der hervorragend zu Wok-Gerichten passt, hat einen niedrigen glykämischen Index und noch dazu den Vorteil, dass er eine sehr kurze Garzeit hat.

Lebensmittel mit einem etwas höheren glykämischen Index, wie beispielsweise gekochte Kartoffeln, werden mit eiweißreichen Zutaten (z. B. Fisch, Fleisch oder Kräutertopfen) kombiniert, um so den glykämischen Index des Gerichtes insgesamt zu senken.

Besonders wird in den Rezepten auf die Qualität der Fette geachtet. Pflanzliche Öle haben im Gegensatz zu tierischen Fetten ein äußerst günstiges Fettsäuremuster: Sie enthalten wenig gesättigte und größtenteils einfach und mehrfach ungesättigte Fettsäuren, die den Cholesterinspiegel günstig beeinflussen. Darüber hinaus ist jedes pflanzliche Fett im Gegensatz zu tierischen Fetten cholesterinfrei.

Die Geräte und deren Handhabung

Wok

Der Wok ist ein Gerät aus der chinesischen Küche. Der Originalwok ist halbkugelförmig, moderne Woks haben einen flachen Boden und können auf herkömmlichen Herden problemlos verwendet werden. Woks sind üblicherweise aus Eisen, Gusseisen, Edelstahl oder Kupfer, es gibt auch beschichtete Woks, in denen man ganz ohne Fett braten kann. Die Besonderheit des Bratens im Wok ist die Tatsache, dass alles Gargut ganz klein geschnitten und unter ständigem Rühren in ganz wenig Öl nur kurz gebraten wird (Pfannenrühren). Dadurch bleiben Vitamine und Mineralstoffe weitgehend erhalten, das Gemüse bleibt knackig, durch die hohe Temperatur bilden sich köstliche Röst- und Geschmacksstoffe. „Gewokt" wird immer bei höchster Temperatur, zur Temperaturregelung nutzt man die Tatsache, dass die Wände des Wok weniger heiß sind als der Boden in der Mitte. Bereits fertig Gegartes wird an die Wände geschoben, zum Braten schiebt man das Gargut in die Mitte. Zum Bewegen des Garguts dienen lange Essstäbchen sowie Pfannenwender aus Holz.

Da beim Braten im Wok sehr hohe Temperaturen erreicht werden, ist es wichtig, das richtige Öl zu verwenden. Hitzebeständige Öle wie Sesam- und Erdnussöl, aber auch Raps- und Olivenöl sind besonders gut geeignet. Kaltgepresste Öle sollten im Wok nicht verwendet werden, da es aufgrund der starken Hitze zur Produktion gesundheitsgefährdender Stoffe kommen kann.

Der Wok eignet sich aber nicht nur zum Pfannenrühren, sondern man kann darin auch hervorragend dämpfen. Zum Dämpfen verwendet man am besten spezielle Dämpfkörbe aus Bambus, die in jedem Asia-Shop erhältlich sind, oder auch Dämpfeinsätze aus Metall.

Verfügt man über keinen Dämpfeinsatz, legt man einfach vier Essstäbchen über Kreuz in den Wok und stellt einen feuerfesten Teller darauf, auf den dann das Dämpfgut gelegt wird. Gedämpft wird bei geschlossenem Wokdeckel, der Dampf kann von Wasser, Suppe oder einem Sud mit Gewürzen stammen.

Im Wok kann natürlich wie in jedem anderen Kochgeschirr auch gekocht und geschmort werden. Eine weitere Möglichkeit der Zubereitung im Wok ist das Frittieren. In Hinblick auf den hohen Fettgehalt frittierter Speisen wird hier allerdings auf diese Möglichkeit nicht näher eingegangen.

Römertopf®

Der Römertopf® besteht aus porösem Naturton, der Wasser aufnehmen, speichern und bei Wärmeentwicklung wieder abgeben kann. Aus diesem Grund ist der Römertopf® eine hervorragende Zubereitungsart in der „schlanken" Küche, da selbst mageres Fleisch beim Schmoren nicht austrocknet. Darüber hinaus bleiben Vitamine und Mineralstoffe gut erhalten und der Eigengeschmack der Zutaten kann sich in dem geschlossenen System besonders gut entfalten. Das Garen im Römertopf® erfordert keinerlei Zugabe von Fett, geschmort wird im eigenen Saft bzw. in etwas zugegossener Suppe.

Die Garzeiten im Römertopf® sind zwar relativ lange, sie erlauben aber, diese Zeit anderweitig zu nutzen, da man weder umrühren noch häufig aufgießen muss. Das macht diese Zubereitungsart insbesondere für die Bewirtung von Gästen oder für das Festtagsmenü besonders praktisch. Je nach Beschaffenheit des Herdes sind teils beträchtliche Abweichungen von den angegebenen Garzeiten möglich. Am besten findet man die exakten Garzeiten durch Probieren heraus, passieren kann dabei nichts, da im Römertopf® ein Überschreiten der Garzeit nichts ausmacht.

Einige Dinge müssen beim Hantieren mit dem Römertopf® allerdings beachtet werden:

- Vor jedem Benutzen muss der Topf mindestens 15 Minuten zur Gänze gewässert werden, damit der Ton sich mit Feuchtigkeit ansaugen kann.
- Der Römertopf® muss immer ins kalte Rohr gestellt werden, erst danach wird er erhitzt, da er bei starken Temperaturschwankungen leicht zerspringt.
- Aus diesem Grund darf er auch nicht auf eine heiße Herdplatte gestellt werden.
- Während des Garens darf keine kalte, sondern nur warme Flüssigkeit zugegossen werden.
- Der heiße Römertopf® sollte immer auf einen Untersetzer und nicht auf eine kalte Unterlage gestellt werden.
- Beachten Sie bitte auch die Angaben des Herstellers Ihres Römertopfes®!

Folie

Schmoren in unterschiedlichen Folien hat ähnliche Vorteile wie der Römertopf®: Durch das Garen im entstehenden Dampf in einem geschlossenen System bleiben einerseits Vitamine und Mineralstoffe bestmöglich erhalten, andererseits kann sich der Geschmack besonders gut entfalten. Gibt man beispielsweise Gewürze und Kräuter in die Folie, so nimmt alles Gargut in der Folie deren Aroma an. Der Einsatz von Folien erlaubt Braten ohne Fettzusatz. Der Ofen bleibt sauber, nichts kann anbrennen und auch das ständige Wenden und Aufgießen erübrigt sich.

Garen in der Folie eignet sich für Fleischspeisen ebenso wie für Fisch, Gemüse und auch für Süßspeisen.

Im Rezeptteil finden sich Gerichte, bei denen Alufolie, Bratfolie, Frischhaltefolie und Pergamentpapier verwendet werden. Bei manchen Folien dürfen bestimmte Temperaturen nicht überschritten werden. Beachten Sie diesbezüglich bitte auch die Herstellerangaben!

Zutaten

Beim Kochen mit Wok, Römertopf® und Folie ist es empfehlenswert, eine Reihe von Zutaten immer vorrätig zu haben.

Diese Zutaten finden sich alle auch in den folgenden Rezepten wieder.

- Naturreis
- Basmatireis
- Verschiedenste Nudeln aus der asiatischen Küche (Glasnudeln, Reisnudeln etc.)
- Gemüse, Obst
- Kartoffeln
- Tiefgekühlter Fisch
- Gewürze aus der asiatischen Küche (Curry, Kardamom, Galgant, Kurkuma etc.)
- Sojasoße
- Ungesüßte Kokosmilch (Achtung: relativ fettreich, sparsam verwenden!)
- Hitzebeständiges Öl (z. B. Sesamöl, Rapsöl, Erdnussöl)

Darüber hinaus sind in der „schlanken Küche" mit Wok, Römertopf® und Folien einige **Utensilien** unerlässlich:

- Wok, evtl. beschichtet
- Römertopf®
- Alufolie
- Bratfolie bzw. Folienschlauch
- Pergamentpapier
- Dämpfeinsatz aus Bambus oder Metall
- Lange und kurze Essstäbchen
- Pfannenwender aus Holz

Zur Handhabung des Buches

65 Gerichte, vorwiegend Hauptmahlzeiten, sind unterteilt in die Kategorien Vegetarisches, Fisch, Fleisch und Süßes, zubereitet in Wok, Römertopf® oder diversen Folien.

Die Temperaturangaben beim Backen gelten – wenn nicht anders angegeben – für die Verwendung von Heißluft, was bei den meisten Geräten mittlerweile Standard ist. Beim Backen mit Ober- und Unterhitze muss die Backtemperatur um ca. 20 °C erhöht werden.

Da sämtliche Gerichte den Anforderungen der modernen Ernährungswissenschaft entsprechend zusammengestellt wurden, sind sie natürlich auch für Personen geeignet, die nicht abnehmen wollen. Für „Mitesser" vergrößern Sie einfach die Portionen, indem Sie z. B. mehr Kartoffeln, Teigwaren oder Reis kochen.

Selbstverständlich können Sie die Rezepte ganz nach Geschmack und Belieben abwandeln, beispielsweise Tiefkühlgemüse durch frisches Gemüse der Saison ersetzen, Obst nach jahreszeitlichem Angebot verwenden oder Fleisch- und Fischarten variieren. Achten Sie dabei nur, dass Sie nicht den Energie- und Fettgehalt des jeweiligen Gerichtes erhöhen.

Vegetarisches aus dem Wok, Römertopf® oder der Folie schmeckt außergewöhnlich gut. Der frische Geschmack von buntem Gemüse ist einfach unbeschreiblich.

Genießen Sie Gemüseröllchen, Ofenkartoffeln, Kohlrouladen, dekorativ angerichtet und mit herrlichen Gewürzen aus der asiatischen Küche.

Verwendete Abkürzungen:

EL	Esslöffel
TL	Teelöffel
l	Liter
ml	Milliliter
g	Gramm
Pkg.	Packung
Msp.	Messerspitze

Vegetarisches

Biryani

Römertopf®, Wok

4 PERSONEN

250 g Basmatireis
400 ml Wasser
Salz
1 Zwiebel
200 g Kartoffeln, festkochend
200 g Karfiol
2 Tomaten
1 walnussgroßes Stück Ingwer

1 TL Rapsöl
2 Gewürznelken
1 Zimtrinde
2 Kardamomkapseln
1 Lorbeerblatt
je 1 Msp. Kurkuma, Paprika, Chili und Kreuzkümmel, gemahlen
80 g Erbsen, tiefgekühlt
2 EL Magerjogurt
150 ml Wasser
Salz
2 EL Mandeln, gestiftelt
2 EL Rosinen

Nährwerte pro Portion:

kcal	382
Eiweiß	13,0 g
Fett	4,3 g
Kohlenhydrate	71,2 g
Ballaststoffe	8,5 g
Cholesterin	0 mg
Broteinheiten	5,9

ZUBEREITUNG:

Römertopf® mindestens 15 Minuten wässern.

Basmatireis in leicht gesalzenem heißem Wasser zugedeckt 10 Minuten dünsten, er soll nur halb gar sein.

Zwiebel fein hacken. Kartoffeln schälen und in grobe Würfel schneiden, Karfiol in Röschen zerteilen, Tomaten vierteln, Ingwer schälen und ganz fein schneiden.

Wok erhitzen, Rapsöl eingießen. Darin Gewürznelken, Zimtrinde, Kardamomkapseln und das Lorbeerblatt ca. 3 Minuten anbraten, Zwiebelstücke, Kartoffeln und Karfiol zugeben, ca. 1 Minute mitbraten. Dann die gemahlenen Gewürze, Erbsen, Tomaten zugeben und ca. 2 Minuten mitbraten. Jogurt und Wasser zugeben, salzen. Hitze reduzieren, zudecken und ca. 5 Minuten halb gar köcheln lassen.

In den Römertopf® die Hälfte des gekochten Reises, Mandeln, Rosinen, das Gemüse mit den Gewürzen sowie den restlichen Reis schichten. Deckel aufsetzen, ins kalte Backrohr stellen und auf 200 °C aufheizen. Nach Erreichen der Temperatur ca. 50 Minuten fertig garen.

TIPP

► Biryani ist ein indisches Schicht-Gericht, das vor allem zu festlichen Anlässen gekocht wird.

Chinesische Nudeln mit Frühkraut

Wok

2 PERSONEN

160 g chinesische Nudeln
1,6 l Wasser
Salz

300 g Frühkraut
1 TL Rapsöl
2 EL Sojasoße

ZUBEREITUNG:

Chinesische Nudeln nach Packungsanleitung zubereiten.

Frühkraut feinnudelig schneiden. Rapsöl im Wok erhitzen, Frühkraut unter ständigem Rühren darin ca. 5 Minuten braten. (Die Garzeit wird umso länger, je älter das Kraut ist.) Kraut mit Sojasoße würzen. Die Nudeln untermischen, kurz mitbraten und heiß servieren.

Nährwerte pro Portion:	
kcal	352
Eiweiß	12,8 g
Fett	5,5 g
Kohlenhydrate	61,7 g
Ballaststoffe	8,4 g
Cholesterin	75 mg
Broteinheiten	5,1

Erbsenschoten mit Tofu und Sesam

Wok

2 PERSONEN

100 g Jasminreis · 250 ml Wasser · Salz

100 g Tofu · 1 EL Sojasoße
1 Bund Frühlingszwiebeln
1 TL Sesamöl · 200 g Zuckererbsenschoten
1 EL Sojasoße · 100 g Sojasprossen
1 EL Sesam

ZUBEREITUNG:

Jasminreis in leicht gesalzenem heißem Wasser zugedeckt ca. 12 Minuten dünsten.

Tofu in schmale Streifen schneiden, mit Sojasoße beträufeln und ca. 10 Minuten marinieren.

TIPP

► Sojaeiweiß ist ähnlich hochwertig wie Eiweiß aus tierischen Quellen und eine hervorragende Abwechslung zu Fleisch.

Frühlingszwiebeln in feine Ringe schneiden.

Wok erhitzen, Sesamöl eingießen und Frühlingszwiebeln und Erbsenschoten ca. 2 Minuten darin braten. Mit Sojasoße aufgießen, vom Herd nehmen.

Sojasprossen, Tofustreifen und Sesam zugeben, kurz ziehen lassen.

Mit Jasminreis servieren.

Nährwerte pro Portion:	
kcal	410
Eiweiß	17,6 g
Fett	9,4 g
Kohlenhydrate	57,1 g
Ballaststoffe	9,1 g
Cholesterin	0 mg
Broteinheiten	4,8

Feta aus dem Ofen

Folie

2 PERSONEN

2 Tomaten	
1 grüner Paprika	
1 Zwiebel	
200 g fettarmer Feta (griechischer Schafkäse)	
Oregano, Basilikum	
150 g Vollkornbaguette	
Alufolie	

ZUBEREITUNG:

Backrohr auf 180 °C vorheizen.

Tomaten, Paprika und Zwiebel in feine Würfel schneiden.

2 quadratische Stück Alufolie auflegen und auf jede Folie ein Stück Feta im Ganzen legen. Feta mit würfelig geschnittenem Gemüse, Oregano und Basilikum bestreuen.

Aus Alufolie kleine Päckchen falten, diese im vorgeheizten Rohr ca. 20 Minuten garen.

Feta mit Vollkornbaguette servieren.

TIPP

- Dieses Gericht wird in Griechenland häufig als Vorspeise serviert.

Nährwerte pro Portion:

kcal	371
Eiweiß	28,1 g
Fett	11,1 g
Kohlenhydrate	38,6 g
Ballaststoffe	8,9 g
Cholesterin	38 mg
Broteinheiten	3,2

Frühlingswok mit Tofu und Basmatireis

Wok

2 PERSONEN

- 100 g Tofu
- 2 EL Sojasoße

- 100 g Basmatireis
- 250 ml Wasser
- Salz

- 2 EL Sojasoße
- 50 ml Gemüsebrühe
- 1 TL Speisestärke

- 2 junge Karotten
- 100 g grüner Spargel
- 1 Bund Frühlingszwiebeln
- 1 walnussgroßes Stück Ingwer
- 1 Knoblauchzehe
- 1 TL Sesamöl
- 100 g Zuckererbsenschoten
- 100 g Sojasprossen

ZUBEREITUNG:

Tofu in ca. 1,5 cm große Würfel schneiden, mit Sojasoße beträufeln und ziehen lassen.

Reis in leicht gesalzenem heißem Wasser zugedeckt ca. 12 Minuten dünsten.

Sojasoße mit Gemüsebrühe vermischen, Speisestärke einrühren.

Karotten waschen und abbürsten, nicht schälen, schräg in dünne Scheiben schneiden. Spargel im unteren Drittel schälen, in 2 cm lange Stücke schneiden. Frühlingszwiebeln in feine Scheiben schneiden.

Ingwer und Knoblauch schälen und jeweils fein hacken.

Wok erhitzen, Sesamöl eingießen. Ingwer und Knoblauch darin ca. 30 Sekunden anbraten. Karottenstücke zugeben, unter ständigem Rühren 2 Minuten weiterbraten. Nach und nach Spargelstücke, Frühlingszwiebeln und Zuckererbsenschoten beigeben, 2 Minuten braten. Zum Schluss Sojasprossen und Tofuwürfel zugeben, sofort mit der Marinade aufgießen, vom Herd nehmen und kurz ziehen lassen.

Gemüse gemeinsam mit Basmatireis servieren.

Nährwerte pro Portion:

kcal	391
Eiweiß	18,8 g
Fett	7,7 g
Kohlenhydrate	60,4 g
Ballaststoffe	9,2 g
Cholesterin	0 mg
Broteinheiten	5,0

Gefüllte Zucchini

Folie

2 PERSONEN

- 2 Zucchini (ca. à 200 g)
- 1 Pkg. fettreduzierter Schafkäse (150 g)
- 2 Tomaten
- 1 Frühlingszwiebel
- Pfeffer
- Basilikum

- Alufolie

ZUBEREITUNG:

Backrohr auf 200 °C vorheizen.

Zucchini halbieren und mit einem Löffel etwas aushöhlen. Für die Füllung Schafkäse in kleine Stücke schneiden, Tomaten würfeln, Frühlingszwiebel fein hacken. Käse, Tomaten, ausgeschabtes Zucchinifleisch und Zwiebel gut vermischen, pfeffern und gehackte Basilikumblätter dazugeben.

Zucchinihälften auf vier Stück Alufolie legen und mit der Füllung belegen. Folien schließen und am Rost 15 Minuten grillen.

Nährwerte pro Portion:	
kcal	183
Eiweiß	19,1 g
Fett	8,1 g
Kohlenhydrate	7,5 g
Ballaststoffe	3,3 g
Cholesterin	30 mg
Broteinheiten	0,6

Gebackene Maiskolben

Folie

2 PERSONEN

- 2 Maiskolben
- 1 TL Olivenöl
- Salz, Pfeffer

- Alufolie

ZUBEREITUNG:

Backrohr auf 180 °C aufheizen.

Von den Maiskolben Blätter und Härchen entfernen. Zwei Stück Alufolie auflegen, jeweils mit ganz wenig Olivenöl bepinseln. Maiskolben salzen und pfeffern, in die Folie einwickeln und die Enden eindrehen.

Im vorgeheizten Backrohr auf dem Rost ca. 25 Minuten backen.

TIPPS

- Diese Maiskolben sind eine hervorragende Vorspeise oder Beilage zu Fleisch oder Fisch.
- Ein besonderes Aroma erreicht man, wenn man frische Kräuter (z. B. Rosmarin) mit einwickelt.
- In der Grillsaison können Maiskolben auf diese Art auch auf dem Griller zubereitet werden, müssen dabei aber ständig gewendet werden.

Nährwerte pro Portion:	
kcal	186
Eiweiß	4,5 g
Fett	5,0 g
Kohlenhydrate	30,4 g
Ballaststoffe	5,0 g
Cholesterin	0 mg
Broteinheiten	2,5

Gebratene Hirse mit Mangold und gerösteten Mandelsplittern

Wok

2 PERSONEN

- 100 g Hirse
- 250 ml Wasser
- Salz

- 1 Zwiebel
- 1 Knoblauchzehe
- 500 g Mangold
- 2 EL Mandelsplitter
- 1 TL Rapsöl
- Salz, Pfeffer
- 2 EL Kräutermischung, frisch oder tiefgekühlt

ZUBEREITUNG:

Hirse in leicht gesalzenem heißem Wasser zugedeckt ca. 20 Minuten leicht dünsten.

Zwiebel und Knoblauch fein hacken. Mangold in einzelne Blätter zerteilen. Stiele herausschneiden und klein schneiden, Blätter nudelig schneiden.

Wok erhitzen, Mandelsplitter darin ohne Öl hellbraun rösten, aus dem Wok nehmen und beiseite stellen.

Rapsöl in den Wok gießen, darin Zwiebel und Knoblauch kurz anbraten. Mangold zugeben und unter ständigem Rühren zusammenfallen lassen. Mit Salz und Pfeffer würzen.

Gekochte Hirse zugeben, 1 weitere Minute braten. Mit Salz und Pfeffer abschmecken und die gehackten Kräuter untermischen. Sofort servieren.

Nährwerte pro Portion:

kcal	331
Eiweiß	12,7 g
Fett	11,2 g
Kohlenhydrate	44,1 g
Ballaststoffe	10,5 g
Cholesterin	0 mg
Broteinheiten	3,7

Gebratener Bulgur mit Sellerie und Rosinen

Wok

2 PERSONEN

- 150 g Bulgur
- 350 ml Wasser
- Salz

- 25 g Rosinen
- 50 ml Gemüsebrühe
- 200 g Stangensellerie
- 1 Zwiebel
- 1 TL Rapsöl
- 1/2 TL Curry
- 1 Msp. Zimt
- Salz
- Cayennepfeffer

ZUBEREITUNG:

Bulgur in leicht gesalzenem heißem Wasser zugedeckt ca. 15 Minuten dünsten.

Rosinen in der heißen Gemüsebrühe einweichen.

Sellerie in feine Scheiben, Zwiebel in Ringe schneiden. Wok erhitzen, Rapsöl eingießen. Zwiebel und Sellerie darin unter ständigem Rühren ca. 3 Minuten braten. Bulgur zugeben und eine Minute mitbraten. Eingeweichte Rosinen gemeinsam mit der Gemüsebrühe zugeben, mit Curry und Zimt würzen, mit Salz und Pfeffer abschmecken. Heiß servieren.

Nährwerte pro Portion:

kcal	330
Eiweiß	8,6 g
Fett	4,0 g
Kohlenhydrate	63,2 g
Ballaststoffe	11,3 g
Cholesterin	0 mg
Broteinheiten	5,3

Gedämpfte Gemüseröllchen

Wok

2 PERSONEN

6 Reispapierblätter (Fertigprodukt)	
2 Karotten	
1 Frühlingszwiebel	
1 nussgroßes Stück Ingwer	
1 TL Sesamöl	
100 g Sojasprossen	
2 EL Sojasoße	

ZUBEREITUNG:

Reispapier mit kaltem Wasser bestreichen und weich werden lassen.

Karotten und Lauchzwiebel feinnudelig schneiden. Ingwer schälen und hacken. Sesamöl im Wok erhitzen, Gemüse unter ständigem Rühren knackig anbraten und zum Schluss Sojasprossen zugeben. Mit Sojasoße aufgießen, kurz umrühren und überkühlen lassen.

Reisblätter auf einem Geschirrtuch auflegen. Lauwarmes Gemüse darauf legen und einrollen. Wok kurz auswaschen, etwas Wasser einfüllen. Gemüseröllchen in einen Dämpfeinsatz legen, diesen in den Wok stellen und über heißem Wasserdampf max. 5 Minuten dämpfen.

TIPPS

- Statt Reispapierblätter kann man auch Strudelteig verwenden.
- Dämpfen im Wok kann man entweder mit speziellen chinesischen Körben aus Bambus (aus dem Asia-Shop), in einem Siebeinsatz aus Metall oder indem man vier Essstäbchen über Kreuz in den Wok legt und darauf einen feuerfesten Teller stellt (Informationen dazu auch in der Einleitung).

Nährwerte pro Portion:

kcal	282
Eiweiß	8,9 g
Fett	8,8 g
Kohlenhydrate	41,2 g
Ballaststoffe	6,3 g
Cholesterin	0 mg
Broteinheiten	3,4

Gemüse mit Schafkäse

Wok

2 PERSONEN

100 g Basmatireis	
250 ml Wasser	
Salz	
400 g Chinakohl	
1/2 roter Paprika	
2 Karotten	
1 TL Olivenöl	
1 Chilischote	
2 EL Sojasoße	
1 Pkg. fettarmer Schafkäse (150 g)	

ZUBEREITUNG:

Basmatireis in leicht gesalzenem heißem Wasser zugedeckt ca. 12 Minuten dünsten.

Chinakohl und Paprika in Streifen und Karotten in Scheiben schneiden. Olivenöl im Wok erhitzen und Gemüse darin unter ständigem Rühren anbraten.

Chilischote halbieren, entkernen, in feine Ringe schneiden und zum Wokgemüse geben. Mit der Sojasoße aufgießen, kurz durchdünsten lassen und zum Schluss den in Würfel geschnittenen Schafkäse unterheben.

Gemeinsam mit dem Basmatireis servieren.

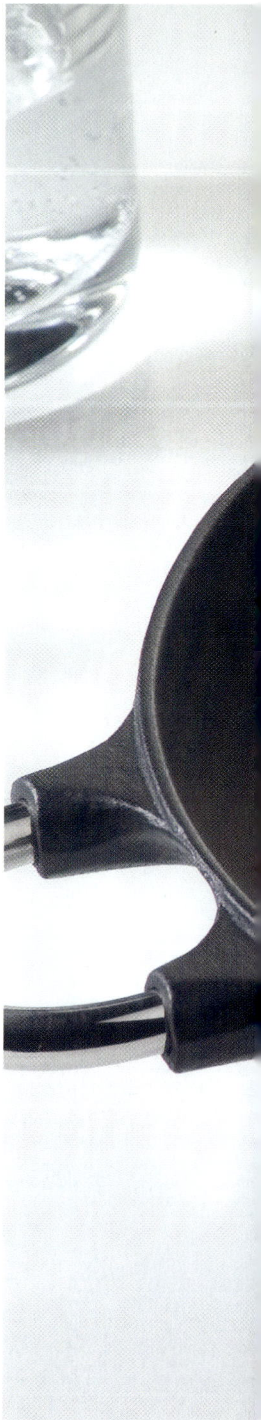

Nährwerte pro Portion:

kcal	390
Eiweiß	22,9 g
Fett	10,8 g
Kohlenhydrate	48,6 g
Ballaststoffe	8,6 g
Cholesterin	20 mg
Broteinheiten	4,1

Gedämpfte Wan-Tans mit Gemüsefülle

Wok

2 PERSONEN

Teig:

125 g Vollkornmehl
Salz
1/16 l Wasser

Fülle:

1 Karotte
1/2 Stange Lauch
100 g frische Shii-Take- oder andere Pilze
1 Knoblauchzehe
1 haselnussgroßes Stück Ingwer
1 TL Sesamöl
1 EL Sesam
Salz, Pfeffer

250 ml Gemüsebrühe

Soße:

1 Chilischote
1 walnussgroßes Stück Ingwer
50 ml Gemüsebrühe
1 EL Reisessig
2 EL Sojasoße

Nährwerte pro Portion:

kcal	336
Eiweiß	11,2 g
Fett	7,1 g
Kohlenhydrate	57,8 g
Ballaststoffe	7,0 g
Cholesterin	0 mg
Broteinheiten	4,8

ZUBEREITUNG:

Mehl mit Salz versieben und mit Wasser zu einem glatten Teig verkneten. Bei Zimmertemperatur zugedeckt ca. 30 Minuten ruhen lassen.

Für die Fülle Karotte, Lauch und Pilze relativ klein schneiden, Knoblauch und Ingwer schälen und sehr fein hacken. Gemüse, Knoblauch und Ingwer im Wok in Sesamöl ca. 2 Minuten anbraten. Sesam zugeben und ca. 1 Minute mitrösten. Vom Herd nehmen, mit Salz und Pfeffer abschmecken.

Den Teig noch einmal durchkneten, auf einer bemehlten Arbeitsfläche dünn ausrollen. Mit einem großen runden Ausstecher Kreise mit einem Durchmesser von ca. 10 cm ausstechen. In die Mitte der Teigstücke etwas Fülle geben, die Teigstücke zu kleinen Säckchen zusammendrücken.

Gemüsebrühe im Wok aufkochen, Dämpfeinsatz hineinstellen, die Wan-Tans hineinlegen und geschlossen ca. 10 Minuten dämpfen.

Für die Soße Chilischote entkernen und ganz fein hacken. Ingwer schälen und ebenfalls fein hacken. Chili und Ingwer mit Gemüsebrühe, Reisessig und Sojasoße vermischen. Die Soße in 2 kleine Schüsseln aufteilen.

Die Wan-Tans auf Tellern servieren, Soße zum Eintauchen dazu reichen.

TIPPS

- Statt den Teig selbst herzustellen, kann man auch fertigen Pizzateig verwenden.
- Dämpfen im Wok kann man entweder mit speziellen chinesischen Körben aus Bambus (aus dem Asia-Shop), in einem Siebeinsatz aus Metall oder indem man vier Essstäbchen über Kreuz in den Wok legt und darauf einen feuerfesten Teller stellt (Informationen dazu auch in der Einleitung).

Gefüllte Ofenkartoffeln

Folie

2 PERSONEN

2 große Kartoffeln, mehligkochend (à ca. 300 g)

1 Knoblauchzehe
100 g Eierschwammerln
20 g Pinienkerne
1 TL Olivenöl
Salz, Pfeffer
2 EL gehackte Petersilie

Alufolie

ZUBEREITUNG:

Backrohr auf 160 °C vorheizen.

Kartoffeln unter fließendem Wasser gut abbürsten, abtrocknen, nicht schälen. In je ein Stück Alufolie wickeln. Im vorgeheizten Rohr eine gute Stunde garen.

Inzwischen Knoblauch fein und Eierschwammerln grob schneiden.

Kurz vor Garzeitende der Kartoffeln Knoblauch in Olivenöl kurz rösten, Pinienkerne zugeben und mitrösten. Eierschwammerln dazugeben und ebenfalls rösten, bis sie beginnen, Wasser zu lassen. Mit Salz, Pfeffer und Petersilie würzen, vom Feuer nehmen.

Kartoffeln aus dem Ofen nehmen, in der Folie lassen und kreuzweise einschneiden, leicht zusammendrücken, Alufolie und Schale auf den Seiten etwas entfernen, damit sich oben ca. 1/3 der Kartoffelmasse entnehmen lässt. Diese unter die Schwammerlmasse mischen.

Kartoffeln mit der Schwammerlmasse füllen und sofort heiß servieren.

Nährwerte pro Portion:

kcal	306
Eiweiß	9,6 g
Fett	8,6 g
Kohlenhydrate	45,7 g
Ballaststoffe	10,8 g
Cholesterin	0 mg
Broteinheiten	3,8

TIPP

▸ Zu diesem Gericht serviert man am besten einen großen gemischten (Blatt-) Salat.

Kartoffel-Päckchen mit Pilzen, Tomaten und Kräutertopfen

Folie

2 PERSONEN

400 g kleine Kartoffeln, festkochend	
100 g Pilze nach Saison (z. B. Eierschwammerln/Pfifferlinge, Steinpilze, Champignons)	
100 g Schalotten	
2 Knoblauchzehen	
250 g Kirschtomaten	
2 Zweige Thymian	
2 TL Olivenöl	
Salz, Pfeffer	
1 Becher Magertopfen (-quark) (= 250 g)	
70 ml prickelndes Mineralwasser	
2 EL gemischte Kräuter, frisch oder tiefgekühlt	
1/2 TL Kümmel, ganz	
Salz, Pfeffer	
Alufolie	

ZUBEREITUNG:

Kartoffeln waschen, gut abbürsten. Im Dämpfeinsatz über Wasserdampf ca. 15 Minuten vorgaren. Nicht schälen.

Backrohr auf 200 °C vorheizen.

Pilze grob schneiden, Schalotten vierteln, Knoblauch fein hacken.

Zwei große Stück Alufolie auflegen, jeweils die Hälfte der Kartoffeln, Pilze, Schalotten, Kirschtomaten, Knoblauch sowie je einen Zweig Thymian darauf verteilen. Mit je 1 TL Olivenöl beträufeln, salzen und pfeffern. Alufolie zu Päckchen dicht verschließen und im vorgeheizten Rohr ca. 10 Minuten garen.

Für den Kräutertopfen mit Hilfe einer Gabel den Magertopfen mit Mineralwasser cremig rühren. Die gehackten Kräuter und den Kümmel beigeben und mit Salz und Pfeffer abschmecken.

Kartoffel-Päckchen auf Teller legen, öffnen und in der Folie mit Kräutertopfen servieren.

Nährwerte pro Portion:

kcal	338
Eiweiß	23,8 g
Fett	7,1 g
Kohlenhydrate	41,8 g
Ballaststoffe	8,1 g
Cholesterin	1 mg
Broteinheiten	3,5

TIPP

- Diese Kartoffel-Päckchen sind auch eine hervorragende Beilage zu Gegrilltem. Man kann sie auch statt im Backrohr auf dem Griller garen.

Kartoffel-Kohl-Wok

Wok

2 PERSONEN

100 g Magerjogurt

300 g Kartoffeln, festkochend
300 g Kohl
1 Zwiebel
1 walnussgroßes Stück Ingwer
1 TL Kurkuma
1 TL Kreuzkümmel
1 TL Kardamom
1/2 TL Zimt
etwas Cayennepfeffer
2 EL Sojasoße
1 TL Rapsöl
125 ml Gemüsebrühe

ZUBEREITUNG:

Magerjogurt in einem über ein Glas gestülpten Kaffeefilter abtropfen lassen.

Kartoffeln schälen und in ca. 1,5 cm große Würfel schneiden. Kohl in feine Streifen schneiden. Zwiebel in feine Ringe schneiden.

Ingwer schälen und reiben. Mit allen anderen Gewürzen und der Sojasoße vermischen.

Wok erhitzen, Rapsöl eingießen. Darin die Zwiebelringe, Kohlstreifen und Kartoffelwürfel unter ständigem Rühren ca. 5 Minuten braten. Die Gewürzmischung zugeben und eine Minute braten. Mit Gemüsebrühe aufgießen und zugedeckt bei mittlerer Hitze ca. 12 Minuten garen, bis die Kartoffeln und der Kohl gar sind.

In tiefen Tellern mit Magerjogurt garniert servieren.

Nährwerte pro Portion:	
kcal	212
Eiweiß	11,4 g
Fett	4,9 g
Kohlenhydrate	29,2 g
Ballaststoffe	9,2 g
Cholesterin	2 mg
Broteinheiten	2,4

Kohlrabigemüse mit Orangensoße und Couscous

Wok

2 PERSONEN

- 2 Kohlrabis
- 2 Karotten
- 1 unbehandelte Orange
- 1 TL Rapsöl
- 2 EL Sojasoße
- 50 ml Gemüsebrühe
- 1 TL Speisestärke

- 300 ml Wasser
- Salz
- 150 g Couscous

ZUBEREITUNG:

Kohlrabis schälen und in feine Stifte schneiden. Karotten waschen, gut abbürsten, nicht schälen, ebenfalls in feine Stifte schneiden.

Von der Orange ca. 1 TL Schale abreiben, Saft auspressen.

Wok erhitzen, Rapsöl eingießen. Darin Kohlrabi- und Karottenstreifen ca. 2 Minuten unter ständigem Rühren braten. Mit Sojasoße und Gemüsebrühe aufgießen, zudecken und ca. 7 Minuten köcheln lassen, bis das Gemüse bissfest gegart ist.

Inzwischen Wasser aufkochen, leicht salzen. Couscous einstreuen, vom Herd nehmen und 5 Minuten quellen lassen.

Speisestärke in Orangensaft auflösen. Gemisch über das Wokgemüse gießen und Soße etwas eindicken lassen. Mit Couscous servieren.

Nährwerte pro Portion:

kcal	374
Eiweiß	12,6 g
Fett	4,0 g
Kohlenhydrate	69,9 g
Ballaststoffe	12,0 g
Cholesterin	0 mg
Broteinheiten	5,8

Kohlrouladen vegetarisch

Römertopf®

2 PERSONEN

6 große Kohlblätter
Wasser
Salz

250 g Kartoffeln, mehlig
1/2 Zwiebel
100 g Pilze nach Saison
1 TL Olivenöl
2 EL gehackte Petersilie
2 EL gehackte Walnüsse
Majoran
Salz, Pfeffer

50 ml Gemüsebrühe

Küchengarn

TIPP

- Die Kohlrouladen können auch mit Tomatensoße serviert werden.

Nährwerte pro Portion:

kcal	235
Fett	11,0 g
Eiweiß	10,6 g
Kohlenhydrate	22,9 g
Ballaststoffe	10,2 g
Cholesterin	0 mg
Broteinheiten	1,9

ZUBEREITUNG:

Römertopf® mindestens 15 Minuten wässern.

Kohlblätter in Salzwasser ca. 1 Minute blanchieren, kalt abschrecken, abtropfen lassen.

Kartoffeln kochen, schälen und durch die Kartoffelpresse drücken.

Zwiebel fein hacken, Pilze klein schneiden. Zwiebel in Olivenöl hellbraun rösten, Pilze zugeben und mitrösten. Zwiebel, Pilze, Petersilie, Walnüsse und Majoran unter die Kartoffelmasse mischen, mit Salz und Pfeffer würzen.

Die Kartoffel-Pilz-Masse gleichmäßig auf den Kohlblättern verteilen, diese einrollen und mit Küchengarn zubinden. Kohlrouladen in den Römertopf® geben, Gemüsebrühe dazugießen. Deckel aufsetzen, Römertopf® ins kalte Backrohr stellen und auf 200 °C aufheizen. Nach Erreichen der Temperatur ca. 30 Minuten garen.

Rouladen aus dem Römertopf® nehmen, Küchengarn entfernen, auf Tellern anrichten und heiß servieren.

Kürbis-Kichererbsen-Curry

Wok

2 PERSONEN

- 1 kleiner Hokkaidokürbis
- 1 walnussgroßes Stück frischer Ingwer
- 1 Knoblauchzehe
- 1 TL Rapsöl
- 240 g Kichererbsen (aus der Dose), abgetropft
- 50 ml Gemüsebrühe
- 50 ml Kokosmilch, ungesüßt
- 1/2 TL Curry
- Salz, Pfeffer

ZUBEREITUNG:

Kürbis waschen, halbieren, entkernen, nicht schälen und in ca. 1,5 cm große Würfel schneiden. Ingwer und Knoblauch schälen und ganz fein schneiden.

Wok erhitzen, Rapsöl eingießen. Ingwer und Knoblauch darin kurz anbraten. Kürbiswürfel dazugeben und 3 Minuten mitbraten. Kichererbsen zugeben, mit Gemüsebrühe aufgießen, Kokosmilch und Curry zugeben. Zugedeckt bei mittlerer Hitze ca. 5 Minuten köcheln lassen.

Danach mit Salz und Pfeffer abschmecken und mit Reis servieren.

TIPP

- Kokosmilch wird aus Kokosnussfleisch und Wasser oder Milch hergestellt. Sie gibt asiatischen Gerichten eine besondere Note und ist unverzichtbare Zutat für Currygerichte. Sie ist aber auch relativ fettreich und sollte deshalb sparsam verwendet werden.

Nährwerte pro Portion:

kcal	271
Eiweiß	11,3 g
Fett	11,1 g
Kohlenhydrate	30,6 g
Ballaststoffe	9,4 g
Cholesterin	0 mg
Broteinheiten	2,6

Ratatouille

Römertopf®

4 PERSONEN

- 3 grüne Paprika
- 2 Zucchini (ca. à 200 g)
- 1 Melanzani
- 4 Zwiebeln
- 5 Tomaten
- Salz, Pfeffer
- Kräuter der Provence (Rosmarin, Thymian, Bohnenkraut, Oregano, Lavendel)
- 1 EL Olivenöl
- 1/8 l Weißwein

ZUBEREITUNG:

Römertopf® mindestens 15 Minuten wässern.

Alle Gemüsesorten grob schneiden und in den gewässerten Römertopf® legen. Mit Salz und Pfeffer würzen, Kräuter der Provence und Olivenöl zugeben. Weißwein zugießen.

Den Römertopf® schließen, ins kalte Backrohr stellen, auf 180 °C aufheizen und nach Erreichen der Temperatur ca. 1 1/4 Stunden garen.

TIPPS

- Ratatouille ist eine hervorragende Beilage zu Lamm oder anderen Fleischgerichten. Serviert man dazu Bratkartoffeln oder Brot wird sie zur Hauptspeise.
- Ratatouille kann warm und kalt gegessen werden.
- Es ist empfehlenswert, von Ratatouille immer größere Mengen zuzubereiten und diese dann in Portionen einzufrieren.

Nährwerte pro Portion:

kcal	141
Eiweiß	6,3 g
Fett	3,9 g
Kohlenhydrate	13,6 g
Ballaststoffe	10,2 g
Cholesterin	0 mg
Broteinheiten	1,1

Scharfes Gemüsecurry

Wok

2 PERSONEN

100 g Basmatireis
250 ml Wasser
Salz

15 g Ingwer
1/2 Knoblauchzehe
2 Schalotten
1 rote Chilischote
200 g Brokkoli
2 Karotten
1 gelber Paprika
100 g Zucchini
1 TL Sesamöl
2 TL rote Currypaste
100 ml Kokosmilch, ungesüßt

ZUBEREITUNG:

Basmatireis in leicht gesalzenem heißem Wasser zugedeckt ca. 12 Minuten dünsten.

Ingwer, Knoblauch und Schalotten klein scheiden. Chilischote aufschneiden, Kerne entfernen und in kleine Ringe schneiden. Brokkoli in kleine Röschen teilen, Karotten, Paprika und Zucchini in Streifen schneiden.

Sesamöl im Wok erhitzen, Ingwer, Knoblauch, Schalotten und Chili kurz anbraten. Gemüse beimengen und kurz durchrösten. Currypaste beimengen und mit der Kokosmilch aufgießen. Noch kurz durchziehen lassen und mit dem Reis servieren.

TIPP

- Die aus Kokosnussfleisch und Wasser oder Milch hergestellte Kokosmilch ist unverzichtbare Zutat für Currygerichte. Aufgrund ihres hohen Fettgehalts sollte sie aber sparsam verwendet werden.

Nährwerte pro Portion:

kcal	371
Eiweiß	10,0 g
Fett	13,4 g
Kohlenhydrate	51,3 g
Ballaststoffe	8,4 g
Cholesterin	0 mg
Broteinheiten	4,3

Rosmarin-Kartoffeln in der Folie

Folie

2 PERSONEN

400 g kleine speckige Kartoffeln, am besten Heurige
Salz, Pfeffer
1 TL Olivenöl
1 Zweig Rosmarin
Alufolie

ZUBEREITUNG:

Kartoffeln waschen, abbürsten und über einem Dämpfeinsatz ca. 15 Minuten vorgaren.

Inzwischen Backrohr auf 180 °C vorheizen.

Ein großes Stück Alufolie auflegen. Die ungeschälten, noch heißen, halbierten Kartoffeln in die Mitte der Folie legen. Mit Salz und Pfeffer würzen, Olivenöl darüber träufeln. Rosmarinzweig auf die Kartoffeln legen und die Folie zu einem Päckchen dicht verschließen.

Im vorgeheizten Backrohr ca. 15 Minuten fertig garen.

TIPPS

- Diese Folienkartoffeln sind eine hervorragend schmeckende Hauptspeise, wenn sie mit Kräutertopfen und Salat serviert werden.
- Sie eignen sich allerdings auch als Beilage zu diversen Fleisch- und Fischgerichten.
- Man kann die Folienpäckchen statt im Backrohr auch auf dem Griller fertig garen.

Nährwerte pro Portion:

kcal	186
Eiweiß	4,0 g
Fett	3,2 g
Kohlenhydrate	29,4 g
Ballaststoffe	4,7 g
Cholesterin	0 mg
Broteinheiten	2,5

Rotes Linsen-Curry mit Mango

Wok

2 PERSONEN

100 g Basmatireis
250 ml Wasser
Salz

1 Karotte
1 kleine Stange Lauch
100 g Stangensellerie
1 TL Sesamöl
100 g rote Linsen
1 TL Curry
1 EL Sojasoße
200 ml Gemüsebrühe
1/2 Mango
3 EL Kokosmilch, ungesüßt

ZUBEREITUNG:

Basmatireis in leicht gesalzenem heißem Wasser zugedeckt ca. 12 Minuten dünsten.

Karotte, Lauch und Stangensellerie in kleine Stücke schneiden. Im Wok in Sesamöl ca. 3 Minuten braten. Rote Linsen und Curry zugeben, mit Sojasoße und Gemüsebrühe aufgießen und zugedeckt ca. 5 Minuten köcheln lassen.

Inzwischen Mango schälen, vom Kern lösen und in Würfel schneiden. Mango unter das Gemüse mischen, vom Herd nehmen, warm werden lassen. Zum Schluss Kokosmilch untermischen.

Linsen-Curry mit Basmatireis servieren.

Nährwerte pro Portion:

kcal	398
Eiweiß	13,4 g
Fett	8,5 g
Kohlenhydrate	65,2 g
Ballaststoffe	7,9 g
Cholesterin	0 mg
Broteinheiten	5,4

Wintergemüse süß-sauer mit Dinkelreis

Wok

2 PERSONEN

100 g Dinkelreis
250 ml Wasser
Salz

200 g Kohlsprossen
50 ml Gemüsebrühe
2 Karotten
200 g Wurzelsellerie
1 Stange Lauch · 1 Zwiebel
1 Knoblauchzehe
1 walnussgroßes Stück Ingwer
1 Chilischote

50 ml Gemüsebrühe
2 EL Sojasoße
20 ml Saft von den Ananasstücken

1 TL Speisestärke
1 TL Sesamöl
100 g Ananasstücke (Dose)
Salz, Pfeffer

Nährwerte pro Portion:

kcal	372
Eiweiß	16,6 g
Fett	5,3 g
Kohlenhydrate	62,3 g
Ballaststoffe	19,6 g
Cholesterin	0 mg
Broteinheiten	5,2

ZUBEREITUNG:

Dinkelreis in leicht gesalzenem heißem Wasser zugedeckt ca. 15 Minuten dünsten.

Kohlsprossen in Gemüsebrühe ca. 10 Minuten bissfest dünsten, halbieren.

Inzwischen Karotten und Sellerie in feine Streifen, Lauch und Zwiebel in feine Ringe schneiden. Knoblauch und Ingwer schälen und fein hacken. Chilischote entkernen und in ganz kleine Stücke schneiden.

Gemüsebrühe mit Sojasoße, Ananassaft und Speisestärke vermischen.

Im Wok Sesamöl erhitzen. Zwiebel, Knoblauch und Ingwer kurz anbraten. Karotten, Sellerie und Lauch zugeben, ca. 3 Minuten unter ständigem Rühren braten. Kohlsprossen, Ananas- und Chilistücke zugeben und eine weitere Minute braten. Soße zugießen etwas eindicken lassen und vom Herd nehmen. Mit Salz und Pfeffer abschmecken.

Scharfes Gemüse mit Kokospolenta

Wok

2 PERSONEN

1 mittelgroße Melanzani
Salz

250 ml Gemüsebrühe
50 ml Kokosmilch, ungesüßt
100 g Polenta (Maisgrieß)

1 Zucchini (ca. 200 g)
1 walnussgroßes Stück Ingwer
1 Knoblauchzehe
1 Chilischote
1 TL Sesamöl
2 EL Sojasoße
1/2 TL Speisestärke
Wasser

TIPPS

- Sowohl die Kokospolenta als auch das scharfe Gemüse sind auch eine hervorragende Beilage zu Fleisch oder Fisch.
- Kokosmilch ist relativ fettreich und sollte nur sparsam eingesetzt werden.

Nährwerte pro Portion:

kcal	313
Eiweiß	9,5 g
Fett	9,5 g
Kohlenhydrate	46,3 g
Ballaststoffe	7,1 g
Cholesterin	0 mg
Broteinheiten	3,9

ZUBEREITUNG:

Melanzani der Länge nach halbieren und in ca. 1 cm breite Scheiben schneiden. Diese leicht salzen und ziehen lassen, um der Melanzani die Bitterstoffe zu entziehen.

Gemüsebrühe zum Kochen bringen, Kokosmilch zugeben, Maisgrieß einrieseln lassen, mit einer Gabel umrühren, vom Herd nehmen und zugedeckt ca. 10 Minuten quellen lassen, danach auf Backpapier ca. 1 cm hoch aufstreichen und warm stellen.

Zucchini ebenfalls der Länge nach halbieren und in dünne Scheiben schneiden.

Ingwer und Knoblauch schälen und fein hacken. Chili entkernen und ganz fein hacken.

Melanzani abtropfen lassen und mit Küchenpapier oder einem Geschirrtuch trockentupfen.

Wok erhitzen, Sesamöl eingießen. Darin zuerst Ingwer und Knoblauch kurz anbraten, Melanzani- und Zucchinischeiben zugeben und unter ständigem Rühren ca. 5 Minuten braten.

Mit Sojasoße aufgießen und die klein geschnittene Chilischote zugeben.

Speisestärke in etwas Wasser auflösen und unter das Gemüse mischen, etwas eindicken lassen, vom Herd nehmen.

Aus der Polentamasse Rauten ausschneiden, diese auf Tellern gemeinsam mit dem scharfen Gemüse anrichten.

Vegetarischer Wok mit Limette

Wok

2 PERSONEN

- 3 Karotten
- 1 Zucchini (ca. 200 g)
- 100 g Shii-Take-Pilze
- 15 g frischer Ingwer
- 1 unbehandelte Limette oder Zitrone
- 3 EL Sojasoße
- einige Tropfen Tabasco

- 120 g chinesische Mie-Nudeln
- 1,2 l Wasser
- Salz

- 1 TL Sesamöl

ZUBEREITUNG:

Karotten waschen und abbürsten, nicht schälen, in dünne Scheiben schneiden. Zucchini der Länge nach halbieren und in etwas dickere Scheiben schneiden. Von den Pilzen die Stiele entfernen, Hüte vierteln.

Ingwer schälen und fein schneiden oder reiben. Von der Limette 1 EL Schale abreiben, Limette auspressen. Limettensaft mit Limettenschale, Ingwer, Sojasoße und 2 – 3 Tropfen Tabasco vermischen.

Nudeln in leicht gesalzenem Wasser ca. 5 Minuten kochen.

Inzwischen Wok erhitzen, Sesamöl eingießen. Zuerst Karottenstreifen unter ständigem Rühren ca. 2 Minuten darin braten, danach Zucchinischeiben und die gewürfelten Pilze zugeben und weitere 2 Minuten braten.

Nudeln abseihen und zum Gemüse in den Wok geben. Gemüsenudeln mit der Soße übergießen, kurz ziehen lassen und dann servieren.

Nährwerte pro Portion:

kcal	345
Eiweiß	12,9 g
Fett	6,0 g
Kohlenhydrate	60,7 g
Ballaststoffe	10,2 g
Cholesterin	70 mg
Broteinheiten	5,1

TIPP

- Shii-Take-Pilze passen am besten zu asiatischen Wok-Gerichten. Stattdessen können aber auch leichter erhältliche Pilze, wie Austernpilze oder Champignons, verwendet werden.

Durch die schonende Zubereitung kann Fisch aus dem Wok, Römertopf® oder der Folie seinen Eigengeschmack besonders gut entfalten. Kräuter und Gewürze vollenden den köstlichen Geschmack. Lassen Sie sich von Fischcurry, Seezungenröllchen, Kräuterfisch und anderen raffinierten Gerichten überzeugen.

Fisch

Fischcurry mit Kartoffeln

Wok

2 PERSONEN

- 300 g Kartoffeln, mehligkochend
- 1 walnussgroßes Stück Ingwer
- 1 unbehandelte Zitrone
- 1 Zucchini
- 1 Karotte
- 1 Stange Lauch
- 200 g Filet eines mageren Fisches (z. B. Kabeljau, Seelachs)
- Salz, Pfeffer
- 2 EL Sojasoße
- 50 ml Kokosmilch, ungesüßt
- 100 ml Gemüsebrühe
- 1 TL Curry
- 1 TL Sesamöl

ZUBEREITUNG:

Kartoffeln schälen und in ca. 1 cm große Würfel schneiden. Ingwer schälen und fein hacken. Von der Zitrone ca. 1 TL Schale abreiben.

Zucchini der Länge nach halbieren und in ca. 1 cm breite Scheiben schneiden. Karotte der Länge nach vierteln und in Stücke schneiden. Lauch quer in ca. 1 cm breite Ringe schneiden.

Fisch in grobe Würfel schneiden, mit Salz und Pfeffer würzen.

Sojasoße, Kokosmilch, Gemüsebrühe und Curry vermischen.

Wok erhitzen, Sesamöl eingießen. Zuerst Ingwer kurz anbraten, Kartoffel- und Karottenwürfel, Zucchinischeiben und Lauchringe zugeben und unter ständigem Rühren ca. 3 Minuten braten. Mit der Soße aufgießen, Fischstücke dazugeben und aufkochen lassen. Hitze reduzieren und Curry unter mehrmaligem Rühren ca. 7 Minuten köcheln lassen.

Einige Kartoffelwürfel mit einer Gabel etwas zerdrücken und die Soße damit binden, mit abgeriebener Zitronenschale würzen.

Nährwerte pro Portion:

kcal	364
Eiweiß	29,5 g
Fett	10,2 g
Kohlenhydrate	35,8 g
Ballaststoffe	8,8 g
Cholesterin	60 mg
Broteinheiten	3,0

Forelle im Ganzen in der Folie gegart mit Petersilienkartoffeln

Folie

2 PERSONEN

400 g Kartoffeln

2 Karotten
1 Stange Lauch
2 Forellen im Ganzen, küchenfertig (à ca. 250 g)
Salz, Pfeffer
Petersilie
1 TL Rapsöl
Salz

Alufolie

ZUBEREITUNG:

Backrohr auf 180 °C vorheizen.

Kartoffeln über einem Dämpfeinsatz in wenig Wasser je nach Größe ca. 20 – 30 Minuten kochen, schälen.

Karotten in feine Streifen, Lauch in feine Ringe schneiden.

Forellen innen und außen mit Salz und Pfeffer würzen. Zwei große Stück Alufolie auflegen, das klein geschnittene Gemüse darauf verteilen, salzen und pfeffern. Die ganzen Forellen auf das Gemüse legen, Alufolie zu Päckchen verschließen. Auf ein Backblech legen und im vorgeheizten Backrohr ca. 25 – 30 Minuten garen.

Für die Petersilienkartoffeln Petersilie fein hacken, geschälte Kartoffeln in einer Schüssel in Petersilie, Rapsöl und Salz schwenken.

Fisch in der Folie mit den Petersilienkartoffeln servieren.

Nährwerte pro Portion:

kcal	342
Eiweiß	34,8 g
Fett	6,5 g
Kohlenhydrate	33,9 g
Ballaststoffe	9,0 g
Cholesterin	80 mg
Broteinheiten	2,8

TIPP

► Auf diese Art und Weise lassen sich die Fische auch hervorragend grillen.

Fischroulade mit Rosmarinkartoffeln

Folie

2 PERSONEN

300 g Kartoffeln, festkochend

1 TL Rapsöl
1 Zweig Rosmarin
Salz

1/2 Zwiebel
1 Knoblauchzehe
1 TL Olivenöl
2 Tomaten
1 EL Tomatenmark
Salz, Pfeffer
2 dünne Fischfilets (à ca. 120 g), z. B. Scholle
Salz, Pfeffer, Zitronensaft
2 Rosmarinzweige

Alufolie

Nährwerte pro Portion:

kcal	326
Eiweiß	26,9 g
Fett	7,8 g
Kohlenhydrate	34,8 g
Ballaststoffe	6,0 g
Cholesterin	50 mg
Broteinheiten	2,9

ZUBEREITUNG:

Kartoffeln im Dämpfeinsatz je nach Größe ca. 20 – 30 Minuten garen. Einen Rosmarinzweig abrebeln, Nadeln fein hacken. Gekochte Kartoffeln schälen. In einem Topf Rapsöl erwärmen, Rosmarin zugeben, geschälte Kartoffeln im Rosmarin wenden und salzen.

Backrohr auf 180 °C vorheizen.

Zwiebel und Knoblauch fein hacken und in Olivenöl glasig dünsten. Tomaten fein würfeln, zugeben. Tomatenmark einrühren. Mit Salz und Pfeffer würzen.

Fischfilets mit Salz, Pfeffer und Zitronensaft würzen. Je ein Fischfilet auf einen Bogen Alufolie setzen, mit Tomatenmasse und jeweils einem Zweig Rosmarin belegen und einrollen. Die Alufolie zu einem Päckchen dicht verschließen, auf ein Backblech setzen und ca. 20 – 30 Minuten garen.

Danach die Fischrouladen entweder auspacken oder mit der Folie auf Tellern mit den Rosmarinkartoffeln anrichten.

Gedämpfter Heilbutt auf Spinat

Wok

2 PERSONEN

400 g Kartoffeln, festkochend
Salz
300 g Spinat, frisch
1 unbehandelte Zitrone
1 Knoblauchzehe
1 walnussgroßes Stück frischer Ingwer
1 rote Chilischote
1 TL Sesamöl
2 Heilbuttfilets (à 150 g)
Salz, Pfeffer
1/4 l Gemüsebrühe

ZUBEREITUNG:

Kartoffeln in einem Dämpfeinsatz im Wasserdampf je nach Größe 20 – 30 Minuten garen, schälen, leicht salzen.

Frischen Spinat putzen bzw. tiefgekühlten auftauen.

Von der Zitrone ca. 1 TL Schale abreiben. Knoblauch und Ingwer schälen und fein hacken. Chilischote entkernen und ganz fein hacken. Gewürze mit Sesamöl zu einer Paste verrühren.

Die Heilbuttfilets salzen, pfeffern und beidseitig mit der Paste einreiben.

Gemüsebrühe im Wok aufkochen, einen Dämpfeinsatz hineinstellen. Spinatblätter im Dämpfer verteilen, mit Salz und Pfeffer würzen. Fischfilets auf die Spinatblätter legen. Dämpfeinsatz und Wok abdecken, Fisch und Spinat ca. 5 – 10 Minuten bei mittlerer Hitze dämpfen.

Fisch und Spinat gemeinsam mit den Kartoffeln servieren.

Nährwerte pro Portion:

kcal	368
Eiweiß	38,2 g
Fett	6,4 g
Kohlenhydrate	35,9 g
Ballaststoffe	8,7 g
Cholesterin	48 mg
Broteinheiten	3,0

TIPPS

- Statt frischem Spinat kann man auch tiefgekühlten oder ein anderes Gemüse der Saison verwenden, das schnell gar wird (z. B. Mangoldblätter, dünn geschnittene Kürbisspalten).
- Statt Kartoffeln passt auch Reis hervorragend zum Fisch.
- Dämpfen im Wok kann man entweder mit speziellen chinesischen Körben aus Bambus (aus dem Asia-Shop), in einem Siebeinsatz aus Metall oder indem man vier Essstäbchen über Kreuz in den Wok legt und darauf einen feuerfesten Teller stellt (Informationen dazu auch in der Einleitung).

Gefüllte Saiblinge aus der Bratfolie

Folie

2 PERSONEN

2 Saiblinge im Ganzen, küchenfertig
2 EL Zitronensaft
Salz, Pfeffer
1 Karotte
1/2 Stange Lauch
1 Knoblauchzehe
2 Zweige Rosmarin
400 g Kartoffeln
Salz
Bratschlauch

ZUBEREITUNG:

Backrohr auf 200 °C vorheizen.

Saiblinge innen und außen mit Zitronensaft beträufeln, mit Salz und Pfeffer würzen.

Karotte und Lauch in feine Scheiben schneiden, Knoblauch fein schneiden oder zerdrücken. Die Fische mit dem klein geschnittenen Gemüse und je einem Zweig Rosmarin füllen.

Saiblinge in den Bratschlauch legen, 1 EL Wasser zugeben, Bratschlauch an beiden Enden verschließen. Auf ein kaltes Backblech legen. Bratschlauch an der Oberseite mit einer Schere ca. 1 cm einschneiden. Auf der untersten Schiene ins vorgeheizte Backrohr schieben und ca. 20 Minuten garen.

Inzwischen Kartoffeln im Dämpfeinsatz je nach Größe ca. 20 – 30 Minuten garen. Anschließend schälen und leicht salzen.

Bratschlauch großzügig aufschneiden (Achtung: heiße Luft entweicht!), Saiblinge herausnehmen. Gemeinsam mit den Kartoffeln anrichten und mit dem entstandenen Saft übergießen.

TIPPS

- Zu diesem Gericht passt Blattsalat.
- Auf diese Art lassen sich auch andere Fische hervorragend zubereiten.

Nährwerte pro Portion:

kcal	346
Eiweiß	36,5 g
Fett	5,5 g
Kohlenhydrate	35,2 g
Ballaststoffe	7,1 g
Cholesterin	84 mg
Broteinheiten	2,9

Forelle in Pergamentpapier

Folie

2 PERSONEN

2 kleine Forellen, küchenfertig
1 EL Zitronensaft
Salz, Pfeffer
2 Karotten
1 Pastinake oder Petersilienwurzel
2 Stangen Sellerie
1 kleine Stange Lauch
1 unbehandelte Zitrone
400 g kleine Kartoffeln, festkochend
1 TL Rapsöl
2 EL gehackte Petersilie
Salz
Pergamentpapier

ZUBEREITUNG:

Backrohr auf 180 °C aufheizen.

Forellen innen und außen mit Zitronensaft beträufeln, mit Salz und Pfeffer würzen.

Das Gemüse in feine Streifen schneiden.

Zitrone in Scheiben schneiden.

Forellen mit der Hälfte des klein geschnittenen Gemüses füllen.

Zwei große Stück Pergamentpapier auflegen, je eine Forelle darauf legen. Restliches Gemüse auf den Forellen verteilen, jede Forelle mit je 3 Zitronenscheiben belegen. Enden des Papiers übereinander schlagen, Enden falten, sodass Päckchen entstehen.

Forellen im vorgeheizten Backrohr ca. 25 Minuten garen.

Inzwischen Kartoffeln im Dämpfeinsatz über Wasserdampf ca. 20 Minuten garen, schälen. Rapsöl in einem Topf leicht erhitzen, Kartoffeln und Petersilie darin schwenken, salzen.

Forellen auspacken und mit Petersilienkartoffeln und Gemüse servieren.

Nährwerte pro Portion:

kcal	393
Eiweiß	38,2 g
Fett	8,9 g
Kohlenhydrate	37,7 g
Ballaststoffe	12,0 g
Cholesterin	84 mg
Broteinheiten	3,1

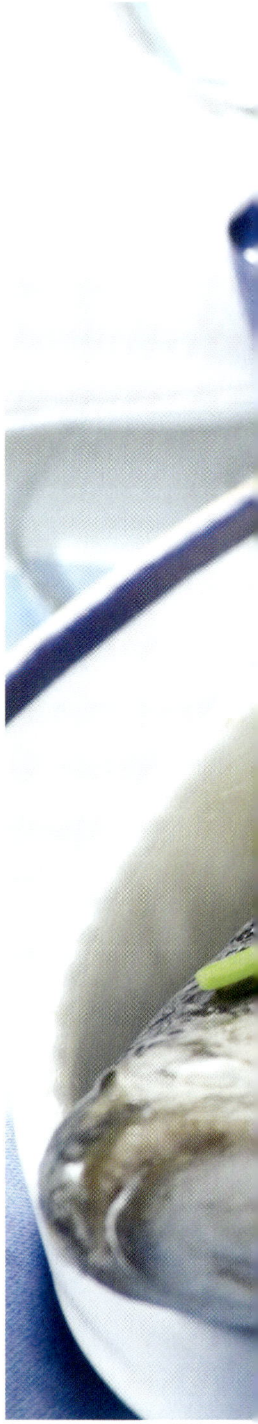

Gefüllte Seezungenröllchen mit Kürbisgemüse

Folie

2 PERSONEN

100 g Basmatireis
250 ml Wasser
Salz

4 kleine Seezungenfilets (à 70 g)
Salz, Pfeffer

1 Schalotte
1 TL Olivenöl
300 g Kürbis (geschält)
1 Zweig Kerbel
Salz, Pfeffer
75 g Blattspinat

100 g Karotten
125 ml Gemüsesuppe
4 EL Magermilch
Paprika edelsüß
Salz, Pfeffer

Alufolie

Nährwerte pro Portion:

kcal	385
Eiweiß	31,8 g
Fett	6,8 g
Kohlenhydrate	48,1 g
Ballaststoffe	4,7 g
Cholesterin	70 mg
Broteinheiten	4,0

ZUBEREITUNG:

Basmatireis in leicht gesalzenem heißem Wasser zugedeckt ca. 12 Minuten dünsten.

Fischfilets waschen, trockentupfen und würzen.

Schalotte feinwürfelig schneiden und in Olivenöl andünsten lassen. Kürbis würfelig schneiden und mit den Schalottenwürfeln kurz mitdünsten. Die Hälfte des Kürbisgemüses mit gehacktem Kerbel, Salz und Pfeffer würzen.

Blattspinat kurz blanchieren.

Jedes Filet zuerst mit Spinat belegen und dann erst das Kürbisgemüse darauf geben. Filets einrollen und fest in Alufolie einwickeln. In siedendem Wasser ca. 10 Minuten gar ziehen lassen.

Für die Soße Karotten feinwürfelig schneiden und in etwas Wasser weich dünsten. Restlichen Kürbis, Gemüsesuppe und Magermilch dazugeben und noch ca. 5 Minuten leicht köcheln lassen. Gemüse mit einem Mixstab pürieren, mit Salz, Pfeffer und Paprika abschmecken.

Fischröllchen aus der Alufolie nehmen, Kürbissoße in die Mitte der Teller geben, Fisch darauf setzen und mit dem Reis servieren.

Glasnudeln mit Gemüse und Tunfisch

Wok

2 PERSONEN

100 g Glasnudeln
Wasser

1 Stange Lauch
1 Karotte
1 roter Paprika
1 Zucchini (ca. 200 g)
1 TL Rapsöl
1 Dose Tunfisch in eigenem Saft
2 EL Sojasoße
Salz, Pfeffer

ZUBEREITUNG:

Glasnudeln in eine Schüssel geben, mit kochendem Wasser übergießen, nach Packungsanleitung quellen lassen und abseihen.

Inzwischen Lauch, Karotte, Paprika und Zucchini in feine Streifen schneiden und im Wok in Rapsöl unter ständigem Rühren bissfest braten.

Abgetropften, grob zerteilten Tunfisch beigeben. Mit Sojasoße, Salz und Pfeffer würzen.

Die Glasnudeln abgießen, in den Wok geben, mit dem Tunfisch und dem Gemüse vermischen und heiß servieren.

TIPP

- Tunfisch ist zwar ein fetter Fisch, sollte aber aufgrund der enthaltenen günstigen Omega-3-Fettsäuren auch beim Abnehmen regelmäßig gegessen werden.

Nährwerte pro Portion:

kcal	385
Eiweiß	21,6 g
Fett	13,5 g
Kohlenhydrate	43,3 g
Ballaststoffe	8,5 g
Cholesterin	84 mg
Broteinheiten	3,6

Glasig gebratener Lachs mit Gemüsereis

Folie

2 PERSONEN

- 2 Lachsfilets (à 125 g)
- 2 EL Zitronensaft
- Salz, Pfeffer

Gemüsereis:

- 100 g Basmatireis
- 250 ml Wasser
- Salz
- 2 Karotten
- 50 g Erbsen
- evtl. Gemüsebrühe
- Salz, Pfeffer

- Frischhaltefolie

ZUBEREITUNG:

Backrohr auf 110 °C vorheizen.

Lachsfilets mit Zitronensaft einreiben, mit Salz und Pfeffer würzen. Auf ein feuerfestes Geschirr legen und dieses mit Frischhaltefolie abdecken. Ins vorgeheizte Backrohr stellen und den Lachs glasig garen (ca. 20 Minuten).

Reis in leicht gesalzenem heißem Wasser ca. 12 Minuten zugedeckt dünsten.

Karotten waschen und abbürsten, nicht schälen, in kleine Stücke schneiden. Karottenstücke und Erbsen nach der halben Garzeit zum Reis geben und mitdünsten. Eventuell etwas Gemüsebrühe zugießen. Mit Salz und Pfeffer abschmecken.

Den innen noch glasigen Lachs mit dem Gemüsereis anrichten.

TIPPS

- Frischhaltefolie kann bis zu einer Temperatur von maximal 120 °C verwendet werden. Für höhere Temperaturen ist sie nicht geeignet.
- Die Frischhaltefolie hat im Gegensatz zur Alufolie den Vorteil, dass man durch sie hindurch das Gargut beobachten und den Garzustand besser feststellen kann.
- Lachs ist zwar ein fetter Fisch, aufgrund der enthaltenen gesundheitsförderlichen Omega-3-Fettsäuren sollte er dennoch im Rahmen des Abnehmens verzehrt werden.

Nährwerte pro Portion:

kcal	435
Eiweiß	32,7 g
Fett	8,8 g
Kohlenhydrate	54,7 g
Ballaststoffe	6,7 g
Cholesterin	44 mg
Broteinheiten	4,6

Kabeljau im Gemüsebett

Folie

2 PERSONEN

- 200 g Karotten
- 100 g Zucchini
- 2 Frühlingszwiebeln
- 300 g Kartoffeln
- Salz, Pfeffer

- 300 g Kabeljaufilet
- Salz, Pfeffer
- etwas Zitronensaft

- Alufolie

ZUBEREITUNG:

Backrohr auf 180 °C vorheizen.

Karotten und Zucchini waschen und in dünne Scheiben schneiden. Frühlingszwiebeln schälen und in Streifen schneiden, Kartoffeln waschen, schälen und in feine Stifte schneiden. Jeweils die Hälfte des Gemüses in die Mitte der Alufolie legen und mit Salz und Pfeffer würzen.

Fischfilet würzen, auf das Gemüsebett legen und mit etwas Zitronensaft beträufeln. Folie zu einem Päckchen zusammenfalten und im vorgeheizten Backrohr ca. 35 Minuten garen.

Nährwerte pro Portion:

kcal	288
Eiweiß	35,4 g
Fett	1,8 g
Kohlenhydrate	30,6 g
Ballaststoffe	8,3 g
Cholesterin	90 mg
Broteinheiten	2,6

Reiseintopf mit Fischbällchen

Wok

4 PERSONEN

Fischbällchen:

150 g Filet von Lachs, Tunfisch, Forelle oder ähnlichen Fischen
1 Ei
1 TL Stärkemehl
Salz, Pfeffer

Eintopf:

150 g Naturreis
400 ml Wasser
Salz
2 Karotten
1 Kohlrabi
1 Zwiebel
1 Knoblauchzehe
1 EL Sesam- oder Rapsöl
1,5 l Gemüsebrühe
2 EL Sojasoße
evtl. frisch geriebener Ingwer

Nährwerte pro Portion:

kcal	264
Eiweiß	14,6 g
Fett	7,8 g
Kohlenhydrate	33,3 g
Ballaststoffe	2,7 g
Cholesterin	73 mg
Broteinheiten	2,8

ZUBEREITUNG:

Fischbällchen:

Fischfilet in Stücke schneiden und mit einem Mixstab oder im Standmixer fein pürieren. Mit Ei und Stärkemehl verrühren, mit Salz und Pfeffer würzen.

Eintopf:

Reis in leicht gesalzenem heißem Wasser zugedeckt ca. 60 Minuten bissfest dünsten. (Schneller geht's im Dampfdruckkochtopf.)

Karotten und Kohlrabi in feine Streifen schneiden (Julienne). Zwiebel und Knoblauch fein hacken.

Wok erhitzen, Öl eingießen. Zwiebel und Knoblauch kurz rösten, danach die Karotten- und Kohlrabistreifen ca. 2 Minuten mitbraten. Mit Gemüsebrühe aufgießen und aufkochen lassen.

Aus der Fischmasse 20 Bällchen formen. In die kochende Suppe geben und bei schwacher Hitze ca. 10 Minuten ziehen lassen.

Den gekochten Reis in die Suppe geben. Mit Sojasoße und Ingwer nach Belieben nachwürzen.

In tiefen Tellern oder Porzellanschüsseln servieren.

Kräuterfisch mit Kartoffel-Zucchini-Gemüse

Folie

2 PERSONEN

400 g kleine, speckige Kartoffeln, am besten Heurige
1 Zucchini (ca. 200 g)
Salz, Pfeffer
2 Thymianzweige
2 TL Olivenöl

2 Filets eines mageren Fisches (z. B. Kabeljau, Seelachs), à 150 g
2 EL Zitronensaft
Salz, Pfeffer
1 TL abgeriebene Schale einer unbehandelten Zitrone
Kräuter nach Belieben (frisch oder tiefgekühlt)

Alufolie

Nährwerte pro Portion:

kcal	347
Eiweiß	34,3 g
Fett	7,4 g
Kohlenhydrate	33,4 g
Ballaststoffe	5,9 g
Cholesterin	62 mg
Broteinheiten	2,8

ZUBEREITUNG:

Backrohr auf 180 °C vorheizen.

Kartoffeln waschen und abbürsten. In einem Dämpfeinsatz ca. 15 Minuten vorgaren, schälen und in grobe Stücke schneiden. Zucchini in schmale Scheiben schneiden. Zwei Stück Alufolie auflegen, die geschnittenen Kartoffeln und Zucchini in der Mitte verteilen, mit Salz und Pfeffer würzen, je einen Thymianzweig darauf legen und mit Olivenöl beträufeln. Die Alupäckchen dicht verschließen.

Auf zwei weiteren Stück Alufolie jeweils ein mit Zitronensaft, Salz und Pfeffer gewürztes Fischfilet legen, mit Zitronenschale und Kräutern bestreuen. Päckchen dicht verschließen.

Alle vier Alupäckchen auf ein Backblech legen und im vorgeheizten Backrohr ca. 20 Minuten garen.

Danach öffnen, Fischfilets mit Kartoffel-Zucchini-Gemüse anrichten.

Shabu-Shabu (Japanisches Fondue)

Wok

4 PERSONEN

Sesamsoße:

70 g weißer Sesam
2 Schalotten
100 ml Gemüsebrühe
3 EL Sojasoße · 2 EL Reiswein
2 TL Reis- oder Obstessig
1/2 TL Zucker
1/2 TL Sambal oelek
1/2 TL Salz

Zitronensoße:

1/8 l Zitronensaft
1/8 l Sojasoße

Fondue:

200 g Lachsfilet
200 g Tofu · 250 g Chinakohl
2 Karotten
200 g Champignons
6 Frühlingszwiebeln

100 g Glasnudeln · Wasser

1,5 l Hühner- oder Gemüsebrühe

Nährwerte pro Portion:

kcal	401
Eiweiß	27,3 g
Fett	15,6 g
Kohlenhydrate	35,7 g
Ballaststoffe	8,2 g
Cholesterin	18 mg
Broteinheiten	3,0

ZUBEREITUNG:

Sesam in einer Pfanne ohne Öl goldbraun rösten. Schalotten hacken, gemeinsam mit dem Sesam in einem geeigneten Mixgerät fein hacken. Brühe, Sojasoße, Reiswein, Essig, Zucker, Sambal oelek und Salz zugeben und untermischen. In vier kleinen Schälchen verteilen.

Für die Zitronensoße Zitronensaft und Sojasoße vermischen, ebenfalls in vier kleinen Schälchen verteilen.

Für das Fondue das Lachsfilet in dünne Scheiben schneiden. Tofu in ca. 1 cm große Würfel schneiden. Chinakohl in Streifen schneiden, Karotten und Champignons blättrig schneiden. Frühlingszwiebeln der Länge nach halbieren und in ca. 4 cm lange Stücke schneiden.

Glasnudeln mit kochendem Wasser übergießen und nach Packungsanleitung ausquellen lassen. Abgießen und mit einer Schere in ca. 10 cm lange Stücke schneiden.

Sämtliche Zutaten auf Platten anrichten und auf den Tisch stellen. Für jeden Gast jeweils ein Schälchen mit Sesam- und Zitronensoße, einen Teller sowie Essstäbchen bereitstellen.

Brühe im Wok erwärmen. Wok mit einer elektrischen Heizplatte auf den Tisch stellen und Brühe ständig leicht köcheln lassen.

Jeder Gast gibt wie beim herkömmlichen Fondue nach Belieben Zutaten in die Brühe, lässt sie garen, fischt sie mit den Essstäbchen wieder heraus und taucht sie vor dem Essen wahlweise in Sesam- oder Zitronensoße.

TIPPS

- Shabu-Shabu eignet sich besonders gut zur Bewirtung von Gästen. Im Original wird es mit Rinderfilet zubereitet, hier wurde statt Rind Lachs verwendet.
- Lachs enthält gesundheitsförderliche Omega-3-Fettsäuren und sollte trotz seines hohen Fettgehalts auch beim Abnehmen regelmäßig verzehrt werden.

Zander in der Folie gegart mit Zitronengras

Folie

2 PERSONEN

150 g Rollgerste
300 ml Wasser
Salz

2 Zanderfilets (à 150 g)
2 EL Zitronensaft
Salz, Pfeffer
2 Stangen Zitronengras

Alufolie

ZUBEREITUNG:

Rollgerste in leicht gesalzenem heißem Wasser zugedeckt ca. 25 Minuten dünsten.

Backrohr auf 180 °C vorheizen.

Zanderfilets auf beiden Seiten mit Zitronensaft beträufeln und mit Salz und Pfeffer würzen.

Zwei große Stück Alufolie auflegen, gewürzte Zanderfilets darauf legen.

Zitronengras waschen und in ca. 2 cm lange Stücke schneiden. Diese auf den Fischfilets verteilen. Die Alupäckchen verschließen und im vorgeheizten Backrohr ca. 20 Minuten garen.

Nach dem Garen die Päckchen öffnen, das Zitronengras entfernen. Die Zanderfilets auf großen Tellern anrichten und mit der Rollgerste servieren.

Dazu passt gekochtes Gemüse der Saison.

Nährwerte pro Portion:

kcal	381
Eiweiß	36,3 g
Fett	2,7 g
Kohlenhydrate	51,2 g
Ballaststoffe	7,4 g
Cholesterin	105 mg
Broteinheiten	4,3

Wok, Römertopf® oder Folie sind ideal für die Zubereitung von köstlichen Fleischgerichten. Das Fleisch bleibt saftig und nimmt die herrlichen Aromen besonders gut an. Es erwarten Sie Klassiker aus der asiatischen Küche ebenso wie österreichische Hausmannskost, aber auch vollkommen neue, köstliche Geschmackserlebnisse.

Fleisch

Bami goreng

Wok

2 PERSONEN

100 g breite Reis- oder Bandnudeln
Wasser
Salz
1 Zwiebel
1 Knoblauchzehe
2 Karotten
100 g Stangensellerie
100 g Champignons oder Shii-Take-Pilze
150 g Rindsfilet
2 TL Sesamöl
3 EL Sojasoße
etwas Sambal oelek
Koriandergrün zum Garnieren

ZUBEREITUNG:

Reisnudeln mit kochendem Wasser übergießen und nach Packungsanleitung quellen lassen bzw. Bandnudeln in reichlich leicht gesalzenes kochendes Wasser geben und ca. 8 – 10 Minuten bissfest kochen.

Zwiebel und Knoblauch fein hacken. Karotten, Stangensellerie und Pilze in Streifen schneiden.

Rindsfilet in feine Streifen schneiden.

Im Wok 1 TL Sesamöl erhitzen, Filetstreifen darin ca. 2 Minuten anbraten, herausnehmen.

Den zweiten TL Sesamöl erhitzen. Zwiebel- und Knoblauchstücke darin unter ständigem Rühren 1 Minute braten. Karotten- und Selleriestreifen zugeben, weitere 3 Minuten braten. Zum Schluss die Pilze zugeben und 1 Minute mitbraten. Filetstreifen wieder zugeben.

Sojasoße mit Sambal oelek vermischen und über das Wokgericht gießen.

Nudeln abseihen und sofort in den Wok geben, ca. 1 Minute weiterbraten.

Mit Korandergrün garniert servieren.

Nährwerte pro Portion:

kcal	379
Eiweiß	26,0 g
Fett	9,1 g
Kohlenhydrate	49,2 g
Ballaststoffe	8,1 g
Cholesterin	53 mg
Broteinheiten	4,1

TIPP

▸ Bami goreng ist ein Klassiker der asiatischen Küche und darf in keinem Wok-Kochbuch fehlen. Diese ist eine besonders fettarme Variante.

Chop Suey

Wok

2 PERSONEN

150 g Schweinsfilet
1 EL Sojasoße
1 EL Reiswein
1 TL Reis- oder Obstessig
1/2 TL Zucker
Pfeffer

100 g Basmatireis
250 ml Wasser
Salz

2 Karotten
1/2 Zwiebel
100 g Bambussprossen (Dose oder Glas)
200 g Sojasprossen

2 TL Sesamöl

1/2 TL Speisestärke
etwas Wasser

Koriandergrün zum Garnieren

Nährwerte pro Portion:

kcal	398
Eiweiß	27,8 g
Fett	8,3 g
Kohlenhydrate	51,4 g
Ballaststoffe	7,2 g
Cholesterin	53 mg
Broteinheiten	4,3

ZUBEREITUNG:

Schweinsfilet in feine Streifen schneiden.

Aus Sojasoße, Reiswein, Essig, Zucker und Pfeffer eine Marinade bereiten und das Fleisch darin einlegen.

Reis in leicht gesalzenem heißem Wasser zugedeckt ca. 12 Minuten dünsten.

Karotten waschen und abbürsten, nicht schälen, in feine Streifen schneiden. Zwiebel in feine Ringe schneiden.

Fleisch aus der Marinade nehmen, etwas abtropfen lassen, Marinade beiseite stellen. 1 TL Sesamöl im Wok erhitzen. Fleisch darin unter ständigem Rühren ca. 2 Minuten braten, aus dem Wok nehmen.

1 TL Sesamöl im Wok erhitzen, Zwiebelringe und Karottenstreifen darin unter ständigem Rühren ca. 2 Minuten braten. Abgetropfte Bambus- und Sojasprossen zugeben und 1 Minute mitbraten. Fleisch wieder zugeben.

Speisestärke mit etwas Wasser glatt rühren. Fleischmarinade und Speisestärke über das Chop Suey gießen, Soße etwas eindicken lassen, vom Herd nehmen.

Chop Suey mit Basmatireis und Koriandergrün garniert servieren.

TIPP

▸ Auch Chop Suey gehört zu den Klassikern der asiatischen Küche. Diese Abwandlungen sind kalorien- und fettarm.

Chinesisches Gemüse mit Huhn

Wok

2 PERSONEN

100 g Basmatireis	
250 ml Wasser	
Salz	
120 g Hühnerbrust ohne Haut	
1 Zwiebel	
1/2 roter Paprika	
1/2 Zucchini (ca. 100 g)	
1 Karotte	
100 g Chinakohl	
Salz, Pfeffer	
2 TL Rapsöl	
100 g Zuckererbsenschoten	
100 g Sojasprossen	
2 EL Sojasoße	
Salz, Pfeffer	

ZUBEREITUNG:

Basmatireis in leicht gesalzenem heißem Wasser zugedeckt ca. 12 Minuten dünsten.

Hühnerbrust in feine Streifen schneiden.

Zwiebel, Paprika, Zucchini, Karotte und Chinakohl ebenfalls in feine Streifen schneiden.

Hühnerbrust mit Salz und Pfeffer würzen. Wok erhitzen und Hühnerstreifen in 1 TL Rapsöl kurz scharf anbraten, herausnehmen und mit Alufolie zugedeckt beiseite stellen.

Restliches Rapsöl erhitzen und nach und nach Zwiebel-, Karottenstreifen, Zuckererbsenschoten, Paprikastreifen, Chinakohl- und Zucchinistreifen bissfest braten. Fleisch und Sojasprossen ganz zum Schluss zugeben.

Mit Sojasoße, Salz und Pfeffer abschmecken.

Mit Basmatireis servieren.

Nährwerte pro Person:

kcal	388
Eiweiß	25,7 g
Fett	7,7 g
Kohlenhydrate	52,7 g
Ballaststoffe	8,8 g
Cholesterin	36 mg
Broteinheiten	4,4

Gedämpfte gefüllte Paprika

Wok

2 PERSONEN

- 100 g Basmatireis
- 250 ml Wasser
- Salz

- 2 rote Paprika
- 2 grüne Paprika
- 1 Zwiebel
- 1 Knoblauchzehe
- 100 g Putenbrust
- 1 TL Sesam- oder Rapsöl
- 2 EL Sojasoße
- Salz, Pfeffer
- 10 g Pinienkerne
- 200 ml Wasser
- Salz

ZUBEREITUNG:

Reis in leicht gesalzenem heißem Wasser zugedeckt ca. 12 Minuten dünsten.

Von den Paprika Deckel abschneiden und aufbewahren. Paprika vorsichtig entkernen.

Zwiebel und Knoblauch fein hacken. Putenbrust in kleine Stücke schneiden.

Öl im Wok erhitzen. Zwiebel, Knoblauch und Putenstücke darin kurz scharf anbraten.

In einer Schüssel den gekochten Reis mit den angebratenen Zwiebel-, Knoblauch- und Putenstücken vermengen, mit Sojasoße würzen, mit Salz und Pfeffer abschmecken und die Pinienkerne untermischen.

Paprika mit der Reis-Mischung füllen, Deckel aufsetzen.

Im Wok Wasser zum Kochen bringen, salzen. Einen Dämpfeinsatz in den Wok stellen, die Paprika darauf setzen und zugedeckt bei mittlerer Hitze ca. 45 Minuten garen.

Pro Portion jeweils einen roten und grünen gefüllten Paprika servieren.

TIPPS

- Dämpfen ist eine fettarme, vitamin- und mineralstoffschonende Zubereitungsart, bei der der Eigengeschmack der Zutaten besonders gut zur Geltung kommt.
- Dämpfen im Wok kann man entweder mit speziellen chinesischen Körben aus Bambus (aus dem Asia-Shop), in einem Siebeinsatz aus Metall oder indem man vier Essstäbchen über Kreuz in den Wok legt und darauf einen feuerfesten Teller stellt (Informationen dazu auch in der Einleitung).

Nährwerte pro Portion:

kcal	384
Eiweiß	21,7 g
Fett	7,6 g
Kohlenhydrate	55,7 g
Ballaststoffe	12,2 g
Cholesterin	30 mg
Broteinheiten	4,6

Kalbsschnitzel und Spargel aus der Folie

Folie

2 PERSONEN

300 g weißer Spargel
Wasser

2 dünne Kalbsschnitzel (à 120 g)
Salz, Pfeffer
1 TL Olivenöl
50 ml Weißwein
50 ml Suppe
1/2 TL Stärkemehl
Wasser

100 g Bandnudeln
1 l Wasser
Salz
3 EL frische Kräuter nach Belieben

Alufolie

ZUBEREITUNG:

Backrohr auf 180 °C vorheizen.

Spargel schälen und stehend ca. 12 Minuten kochen.

Kalbsschnitzel mit Salz und Pfeffer würzen, in Olivenöl beidseitig scharf anbraten.

Zwei Stück Alufolie auflegen, je ein Kalbsschnitzel darauf legen.

Bratenrückstand mit Weißwein und Suppe aufgießen und mit in Wasser aufgelöstem Stärkemehl leicht binden.

Gekochten Spargel auf die Kalbsschnitzel legen, mit Soße übergießen. Alufolie zu dichten Päckchen verschließen und diese ca. 20 Minuten garen.

Inzwischen die Bandnudeln in reichlich leicht gesalzenes kochendes Wasser geben und ca. 8 – 10 Minuten bissfest kochen, abseihen und die Kräuter untermischen.

Spargel-Schnitzel mit Kräuterbandnudeln und Saft servieren.

Nährwerte pro Portion:

kcal	388
Eiweiß	34,6 g
Fett	7,5 g
Kohlenhydrate	40,1 g
Ballaststoffe	4,9 g
Cholesterin	84 mg
Broteinheiten	3,3

Huhn mit Reisfülle im Gemüsebett

Römertopf®

4 PERSONEN

Reisfülle:

50 g Basmatireis
125 ml Wasser
Salz, Pfeffer
20 g Erbsen (tiefgekühlt)
etwas Zitronengras

1 küchenfertiges Brathuhn (ca. 1 kg)
Salz, Pfeffer, Paprika

3 Tomaten
4 Frühlingszwiebeln
200 g Zucchini
2 Karotten
100 ml Weißwein
Salz, Pfeffer, Oregano

Küchengarn oder Rouladennadeln

Nährwerte pro Portion:

kcal	362
Eiweiß	48,0 g
Fett	12,6 g
Kohlenhydrate	13,6 g
Ballaststoffe	2,2 g
Cholesterin	195 mg
Broteinheiten	1,1

ZUBEREITUNG:

Römertopf® mindestens 15 Minuten wässern.

Reis in leicht gesalzenem heißem Wasser zugedeckt ca. 12 Minuten dünsten. Anschließend würzen, mit den Erbsen vermischen und mit dem geschnittenen Zitronengras vermengen.

Huhn innen und außen waschen und trockentupfen. Mit Salz, Pfeffer und etwas Paprika einreiben. Reisfülle ganz locker in das Huhn geben, damit der Reis noch nachquellen kann. Die Öffnung mit Küchengarn oder Rouladennadeln verschließen. Huhn in den gewässerten Römertopf® legen, Deckel schließen, Römertopf® ins kalte Rohr stellen, auf 200 °C aufheizen und nach Erreichen der Temperatur 30 Minuten braten.

Inzwischen Gemüse waschen, putzen und in große Stücke schneiden. Nach den ersten 30 Minuten Bratzeit um das Huhn legen, Gewürze beigeben und mit Wein beträufeln.

Weiter bei 180 °C noch 50 Minuten zugedeckt und weitere 10 Minuten ohne Deckel fertig garen.

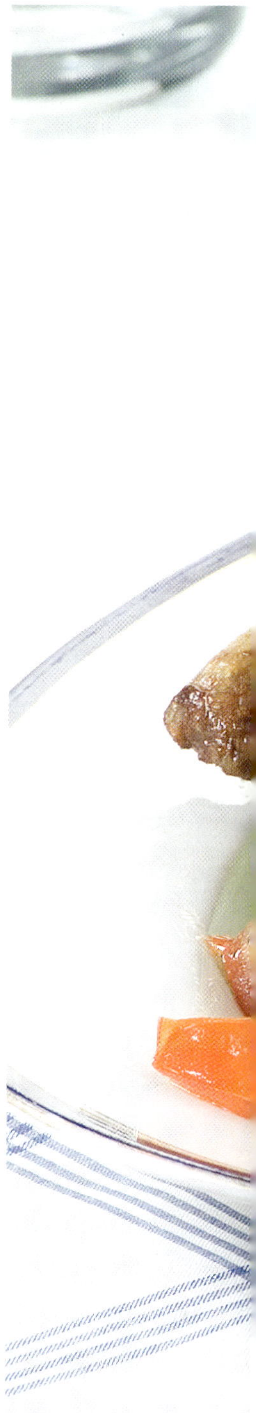

Krautrouladen aus dem Römertopf®

Römertopf®

2 PERSONEN

50 g Basmatireis
125 ml Wasser
Salz

4 große Krautblätter

1 Zwiebel
1 TL Rapsöl
100 g Putenbrust oder mageres Schweinsschnitzelfleisch, faschiert
Salz, Pfeffer
2 EL gehackte Petersilie
200 ml Gemüsebrühe

400 g Kartoffeln, festkochend
Wasser

1 Dose passierte Tomaten (400 g)
Salz, Pfeffer
1 TL Stärkemehl zum Binden

ZUBEREITUNG:

Römertopf® mindestens 15 Minuten wässern.

Reis in leicht gesalzenem heißem Wasser zugedeckt ca. 12 Minuten dünsten.

Krautblätter in heißem Wasser ca. 1 Minute blanchieren, kalt abschrecken und abtropfen lassen.

Zwiebel fein hacken und in Rapsöl anrösten. Faschiertes zugeben und ca. 5 Minuten bei mittlerer Hitze anbraten. Salzen und pfeffern.

Faschiertes mit Reis und gehackter Petersilie vermischen.

Krautblätter mit der Reis-Fleisch-Mischung füllen, einschlagen und mit Zahnstochern oder Küchengarn fixieren. Krautpäckchen in den Römertopf® geben, mit Gemüsebrühe übergießen, zudecken. Römertopf® ins kalte Rohr stellen, auf 200 °C aufheizen und nach Erreichen der Temperatur ca. 45 Minuten garen.

Inzwischen Kartoffeln in einem Dämpfeinsatz je nach Größe ca. 20 – 30 Minuten garen. Schälen.

Passierte Tomaten aufkochen, mit Salz und Pfeffer würzen und mit Stärkemehl binden.

Je zwei Krautrouladen mit Tomatensoße und Kartoffeln servieren.

Nährwerte pro Portion:

kcal	358
Eiweiß	20,4 g
Fett	4,3 g
Kohlenhydrate	56,9 g
Ballaststoffe	8,2 g
Cholesterin	30 mg
Broteinheiten	4,7

TIPP

▸ Gemischtes Faschiertes ist sehr fett. Mageres Faschiertes erhält man, wenn man sich magere Fleischteile beim Fleischhauer oder im Geschäft frisch faschieren lässt.

Lammrücken mit grünen Bohnen und Kartoffeln

Römertopf®

4 PERSONEN

600 g Lammrücken
1 Knoblauchzehe
Salz, Pfeffer
2 Stängel Thymian

500 g grüne Bohnen
500 g Kartoffeln
100 ml Rotwein · Salz, Pfeffer

ZUBEREITUNG:

Römertopf® mindestens 15 Minuten wässern.

Lammrücken mit einem scharfen Messer 4- bis 5-mal anstechen, den in Stifte geschnittenen Knoblauch hineinstecken, würzen und mit Thymian belegen.

Lammrücken in den gewässerten Römertopf® legen, schließen, ins kalte Rohr stellen, auf 200 °C aufheizen und nach Erreichen der Temperatur 30 Minuten garen lassen.

Grüne Bohnen waschen und Stielansätze wegschneiden. Kartoffeln schälen und halbieren. Gemüse um den Lammbraten in den Römertopf® legen, mit Rotwein aufgießen, salzen, pfeffern und zugedeckt bei 180 °C nochmals 55 Minuten garen lassen.

Nährwerte pro Portion:	
kcal	401
Eiweiß	46,5 g
Fett	13,2 g
Kohlenhydrate	22,7 g
Ballaststoffe	6,6 g
Cholesterin	116 mg
Broteinheiten	1,9

Putenbraten in Orangensoße

Römertopf®

2 PERSONEN

2 unbehandelte Orangen · 1 Msp. Zimt
250 g Putenbrust im Ganzen · Salz, Pfeffer

120 g Naturreis · 300 ml Wasser · Salz

ZUBEREITUNG:

Römertopf® mindestens 15 Minuten wässern.

Inzwischen von einer Orange die Schale abreiben und Saft auspressen, Zesten mit dem Saft und Zimt vermischen. Die zweite Orange filetieren und in Stücke schneiden.

Putenbrust salzen und pfeffern. In den Römertopf® legen, mit Orangenstücken umgeben und mit der Orangensaft-Schalen-Mischung begießen, zudecken. Römertopf® ins kalte Backrohr stellen, auf 200 °C aufheizen und nach Erreichen der Temperatur ca. 60 Minuten garen.

Inzwischen Reis in leicht gesalzenem heißem Wasser zugedeckt ca. 60 Minuten dünsten. (Schneller geht's im Dampfdruckkochtopf.)

Nach Ende der Garzeit Putenbrust aufschneiden, mit Reis und Orangensoße servieren.

TIPP

► Besonders dekorativ ist eine Mischung aus Naturreis und schwarzem Wildreis.

Nährwerte pro Portion:	
kcal	402
Eiweiß	35,7 g
Fett	2,8 g
Kohlenhydrate	55,9 g
Ballaststoffe	4,1 g
Cholesterin	75 mg
Broteinheiten	4,7

Putenroulade mit Gemüse-Schafkäse-Füllung

Römertopf®

2 PERSONEN

200 g Blattspinat
Salz, Pfeffer
1 Knoblauchzehe
50 g Schafkäse (z. B. Feta)
2 dünne Putenschnitzel (à ca. 120 g)
1 TL Rapsöl
Küchengarn
100 g Bandnudeln oder Vollkornbandnudeln
1 l Wasser
Salz

ZUBEREITUNG:

Römertopf® mindestens 15 Minuten wässern.

Blattspinat in wenig Wasser kurz dünsten, mit Salz, Pfeffer und zerdrücktem Knoblauch würzen, vom Herd nehmen. Schafkäse in kleine Würfel schneiden und untermischen.

Putenschnitzel salzen und pfeffern, mit der Gemüse-Schafkäse-Masse zu zwei Dritteln belegen, einrollen und mit Küchengarn zusammenbinden.

In einer Pfanne Rapsöl erhitzen, die Rouladen darin von allen Seiten scharf anbraten. Aus der Pfanne nehmen und in den Römertopf® setzen. Den Bratenrückstand mit wenig Wasser aufgießen und über die Rouladen gießen. Römertopf® verschließen, ins kalte Rohr stellen, auf 200 °C aufheizen und nach Erreichen der Temperatur ca. 45 Minuten garen.

Inzwischen Bandnudeln in reichlich leicht gesalzenes kochendes Wasser geben und ca. 8 – 10 Minuten bissfest kochen, abseihen.

Rouladen aus dem Römertopf® nehmen, Küchengarn entfernen, quer aufschneiden. Die Rouladenstücke gemeinsam mit den Bandnudeln auf Tellern anrichten und mit dem entstandenen Saft übergießen.

Nährwerte pro Portion:

kcal	387
Eiweiß	42,8 g
Fett	7,0 g
Kohlenhydrate	36,7 g
Ballaststoffe	5,2 g
Cholesterin	82 mg
Broteinheiten	3,1

Mariniertes Huhn mit orientalischem Couscous

Wok

2 PERSONEN

- 1 unbehandelte Zitrone
- 1 Knoblauchzehe
- 1 haselnussgroßes Stück Ingwer
- 2 EL Sojasoße
- 200 g Hühnerbrust

- 200 ml Wasser
- Salz
- 1 Msp. Zimt
- 1 Msp. Kardamom
- 1/4 TL Curry
- 1 Lorbeerblatt
- 100 g Couscous

- 1 Karotte
- 1 kleine Stange Lauch
- 100 g Stangensellerie
- 2 TL Sesamöl
- 10 g Rosinen
- 10 g Pinienkerne
- Salz, Pfeffer

Nährwerte pro Portion:

kcal	391
Eiweiß	32,3 g
Fett	9,0 g
Kohlenhydrate	43,8 g
Ballaststoffe	7,8 g
Cholesterin	66 mg
Broteinheiten	3,7

ZUBEREITUNG:

Von der Zitrone ca. 1 TL Schale abreiben. Knoblauch und Ingwer schälen und ganz fein schneiden. Zitronenschale, Knoblauch und Ingwer mit Sojasoße vermischen. Die Hühnerbrust in Streifen schneiden, mit der Marinade vermischen und zugedeckt im Kühlschrank ca. 1 Stunde marinieren lassen.

Wasser mit den Gewürzen versetzen und aufkochen lassen, Couscous einrieseln lassen, mit einer Gabel umrühren, vom Herd nehmen und ca. 5 Minuten ausquellen lassen.

Karotte, Lauch und Stangensellerie in kleine Stücke schneiden. Fleisch aus der Marinade nehmen. Fleischstücke im Wok in 1 TL Sesamöl kurz scharf anbraten. Herausnehmen und warm stellen.

Gemüse in einem weiteren TL Sesamöl ca. 3 Minuten braten. Rosinen und Pinienkerne zugeben und 1 Minute mitbraten. Ausgequollenen Couscous ebenfalls zugeben und kurz mitbraten, salzen und pfeffern.

Hühnerstreifen gemeinsam mit dem Gemüse-Couscous anrichten.

Puten-Karotten-Ragout mit Vollkornspätzle

Römertopf®

2 PERSONEN

Ragout:

250 g Karotten
250 g Putenbrust
250 ml Gemüsebrühe
1 EL Majoran
Salz, Pfeffer
evtl. Stärkemehl zum Binden

Spätzle:

100 g Vollkornmehl
1 Ei
70 ml Wasser
Salz
Wasser
Salz

ZUBEREITUNG:

Römertopf® mindestens 15 Minuten wässern.

Karotten waschen und gut abbürsten, nicht schälen. Mit einer Gemüseraspel grob reiben.

Putenbrust in kleine Stücke schneiden.

Gemüsebrühe erwärmen.

Putenstücke und Karottenraspeln in den Römertopf® geben, mit warmer Gemüsesuppe aufgießen, Majoran zugeben.

Geschlossenen Römertopf® ins kalte Backrohr stellen, auf 200 °C aufheizen und nach Erreichen der Temperatur das Ragout ca. 45 Minuten schmoren.

Inzwischen aus Vollkornmehl, Ei, Wasser und einer Prise Salz den Spätzleteig bereiten. Diesen mittels Spätzlehobel in reichlich kochendes, leicht gesalzenes Wasser hobeln und köcheln lassen, bis die Spätzle an die Oberfläche steigen. Abgießen und warm halten.

Putenragout mit Salz und Pfeffer abschmecken, eventuell mit Stärkemehl binden.

Mit den Vollkornspätzle servieren.

Nährwerte pro Portion:

kcal	371
Eiweiß	41,4 g
Fett	6,2 g
Kohlenhydrate	36,4 g
Ballaststoffe	9,6 g
Cholesterin	194 mg
Broteinheiten	3,0

Putenroulade mit Polenta-Paprika-Füllung

Römertopf®

2 PERSONEN

100 ml Magermilch
Salz
60 g Polenta (Maisgrieß)

1/2 roter Paprika
1/2 grüner Paprika
Petersilie
2 Putenschnitzel (à ca. 120 g)
Salz, Pfeffer
1 TL Rapsöl

300 g Brokkoli

Küchengarn

TIPP

▸ Statt Brokkoli kann auch anderes Gemüse der Saison verwendet werden.

Nährwerte pro Portion:

kcal	331
Eiweiß	39,0 g
Fett	5,1 g
Kohlenhydrate	30,8 g
Ballaststoffe	8,6 g
Cholesterin	72 mg
Broteinheiten	2,6

ZUBEREITUNG:

Römertopf® mindestens 15 Minuten wässern.

Milch aufkochen, salzen. Polenta unter ständigem Rühren einrieseln lassen und zu einem dicken Brei einkochen, vom Herd nehmen und ausquellen lassen.

Paprika kleinwürfelig schneiden, Petersilie hacken. Paprikawürfel und gehackte Petersilie unter die Polentamasse mischen.

Putenschnitzel mit Salz und Pfeffer würzen. Zwei Drittel der Schnitzel mit Polentamasse belegen, einrollen und mit dem Küchengarn fixieren.

In einer Pfanne Rapsöl erhitzen und die Rouladen von allen Seiten scharf anbraten. Aus der Pfanne nehmen und in den Römertopf® setzen. Den Bratenrückstand mit wenig Wasser aufgießen und über die Rouladen gießen. Römertopf® verschließen, ins kalte Rohr stellen, auf 200 °C aufheizen und nach Erreichen der Temperatur die Rouladen ca. 45 Minuten garen.

Inzwischen Brokkoli in wenig Wasser dünsten, mit Salz und Pfeffer würzen.

Rouladen aus dem Römertopf® nehmen, Küchengarn entfernen, quer aufschneiden. Die Rouladenstücke auf Tellern mit dem Brokkoli anrichten und mit dem entstandenen Saft übergießen.

Rindfleisch mit roten Zwiebeln und Pilzen

Wok

2 PERSONEN

100 g Basmatireis
250 ml Wasser
Salz

3 rote Zwiebeln
200 g Pilze (Shii-Take-, Austernpilze oder Champignons)
200 g Rindsfilet
2 TL Sesamöl
Salz, Pfeffer
2 EL Sojasoße
50 ml Gemüsebrühe
1 TL Speisestärke

ZUBEREITUNG:

Basmatireis in leicht gesalzenem heißem Wasser zugedeckt ca. 12 Minuten dünsten.

Zwiebeln vierteln und mit den Händen in einzelne Schichten zerteilen. Pilze blättrig schneiden. Rindsfilet in dünne Scheiben schneiden.

1 TL Sesamöl im Wok erhitzen. Rindsfiletscheiben salzen und pfeffern und im Wok ca. 1 Minute scharf anbraten, herausnehmen und zugedeckt bereithalten.

Restliches Sesamöl eingießen, Zwiebelstücke darin ca. 2 Minuten anbraten, Pilze zugeben und weitere 2 Minuten braten. Mit Sojasoße und in Gemüsebrühe aufgelöster Speisestärke aufgießen, Soße etwas eindicken lassen, vom Herd nehmen. Rindfleisch wieder zugeben und kurz ziehen lassen. Mit Basmatireis anrichten.

TIPP

- Shii-Take-Pilze passen am besten zu chinesischen Gerichten, sie sind allerdings nicht leicht erhältlich. Man kann stattdessen auch Austernpilze oder Champignons verwenden.

Nährwerte pro Portion:

kcal	401
Eiweiß	29,3 g
Fett	10,7 g
Kohlenhydrate	46,1 g
Ballaststoffe	4,1 g
Cholesterin	70 mg
Broteinheiten	3,8

Putenrouladen Asia

Folie

2 PERSONEN

100 g Basmatireis
250 ml Wasser
Salz

100 g Chinakohl
1/2 Mango
100 g Sojasprossen
1 TL Sesamöl
2 Putenschnitzel (à 120 g)
Salz, Pfeffer
1 EL Rapsöl

Alufolie

ZUBEREITUNG:

Basmatireis in leicht gesalzenem heißem Wasser zugedeckt ca. 12 Minuten dünsten.

Backrohr auf 180 °C vorheizen.

Chinakohl in ca. 1 cm breite Streifen schneiden, Mango schälen und in kleine Würfel schneiden. In einer beschichteten Pfanne in Sesamöl Chinakohlstreifen, Mangowürfel und Sojasprossen kurz anschwitzen. Vom Feuer nehmen.

Inzwischen Putenschnitzel mit Salz und Pfeffer würzen. Die Gemüse-Mango-Masse auf den beiden Schnitzeln verteilen und einrollen.

Zwei große Stück Alufolie auflegen. Jeweils eine Putenroulade auf die Folie legen und einrollen. Die Enden der Folie vorsichtig eindrehen.

In einer hitzebeständigen Pfanne die in Folie gewickelten Rouladen in etwas Rapsöl von allen Seiten jeweils ca. 1 Minute scharf anbraten. Die Pfanne mit den Rouladen danach ins vorgeheizte Backrohr stellen und die Rouladen unter mehrmaligem Wenden ca. 15 Minuten braten.

Fertige Rouladen aus der Folie wickeln, in Scheiben schneiden und mit dem Basmatireis servieren.

Nährwerte pro Portion:

kcal	387
Eiweiß	35,9 g
Fett	5,0 g
Kohlenhydrate	48,2 g
Ballaststoffe	3,6 g
Cholesterin	72 mg
Broteinheiten	4,0

Gebratene Nudeln mit Gemüse

Wok

2 PERSONEN

- 100 g chinesische Nudeln
- Wasser
- Salz

- 120 g Putenbrust
- 1 Zwiebel
- je 1/2 roter, gelber und grüner Paprika
- 1 Zucchini (ca. 200 g)
- 1 Karotte
- 100 g Brokkoli
- 100 g Karfiol
- Salz, Pfeffer
- 2 TL Rapsöl
- 100 g Zuckererbsenschoten
- 2 EL Sojasoße
- Salz, Pfeffer

ZUBEREITUNG:

Chinesische Nudeln nach Packungsanleitung zubereiten.

Putenbrust in feine Streifen schneiden.

Zwiebel, Paprika, Zucchini und Karotte ebenfalls in feine Streifen schneiden. Brokkoli und Karfiol in kleine Röschen zerteilen.

Putenstreifen mit Salz und Pfeffer würzen. Wok erhitzen und Putenstreifen in 1 TL Rapsöl kurz scharf anbraten, herausnehmen und mit Alufolie zugedeckt beiseite stellen.

Restliches Rapsöl erhitzen und nach und nach Zwiebel- und Karottenstreifen-, Brokkoli- und, Karfiolröschen, Zucchini- und Paprikastreifen sowie die ganzen Zuckererbsenschoten bissfest braten. Fleisch wieder zugeben.

Mit Sojasoße, Salz und Pfeffer abschmecken.

Die abgetropften Nudeln in den Wok geben und mit dem Fleisch und dem Gemüse vermischen, eine weitere Minute braten, danach servieren.

Nährwerte pro Portion:

kcal	397
Eiweiß	28,4 g
Fett	8,9 g
Kohlenhydrate	49,3 g
Ballaststoffe	15,3 g
Cholesterin	94 mg
Broteinheiten	4,1

Safran-Huhn-Pillau

Wok

2 PERSONEN

130 g Basmatireis
300 ml Wasser
Salz
einige Safranfäden
1/2 Zimtstange
2 Gewürznelken
1 Kardamomkapsel, leicht zerdrückt

150 g Hühnerbrustfilet
1 TL Rapsöl
1 EL Rosinen
1 EL geschälte Mandeln
Salz

ZUBEREITUNG:

Basmatireis in leicht gesalzenem, mit den Gewürzen versetztem heißem Wasser ca. 12 Minuten zugedeckt dünsten.

Hühnerbrust würfelig schneiden. Wok erhitzen, Rapsöl eingießen, darin die Rosinen, Mandeln und die Fleischwürfel ca. 5 Minuten bei mittlerer Hitze anbraten. Mit Salz würzen.

Den gekochten Reis zum Fleisch in den Wok geben, kurz durchmischen und heiß servieren.

TIPP

- Pillau ist eine Speise, die traditionell vor allem in Nordindien und Pakistan gekocht wird.

Nährwerte pro Portion:

kcal	372
Eiweiß	23,2 g
Fett	6,6 g
Kohlenhydrate	54,0 g
Ballaststoffe	1,9 g
Cholesterin	50 mg
Broteinheiten	4,5

Schweinsbraten mit Sauerkraut und Waldviertler Knödeln

Römertopf®

2 PERSONEN

250 g mageres Karree ohne Schwarte
Salz, Pfeffer
Knoblauch, Kümmel
500 g Sauerkraut, abgetropft
50 ml Gemüsebrühe

Knödel:
500 g mehlige Kartoffeln
Salz

Nährwerte pro Portion:	
kcal	398
Eiweiß	36,5 g
Fett	7,8 g
Kohlenhydrate	40,1 g
Ballaststoffe	14,9 g
Cholesterin	75 mg
Broteinheiten	3,3

ZUBEREITUNG:

Römertopf® ca. 15 Minuten wässern.

Schweinskarree mit Salz, Pfeffer, zerdrücktem Knoblauch und Kümmel einreiben.

Sauerkraut in den Römertopf® geben. Fleisch darauf legen. Gemüsebrühe zugießen.

Geschlossenen Römertopf® ins kalte Backrohr stellen, auf 200 °C aufheizen und nach Erreichen der Temperatur den Braten ca. 1 ½ Stunden schmoren lassen.

Inzwischen die Hälfte der Kartoffeln in einem Dämpfeinsatz je nach Größe ca. 20 – 30 Minuten garen. Die restlichen rohen Kartoffeln schälen und fein reiben. Auf ein Geschirrtuch legen, zusammenklappen und die Flüssigkeit auspressen.
Die gekochten Kartoffeln schälen und durch die Kartoffelpresse drücken. Beide Kartoffelanteile vermischen und salzen. Knödel formen und diese in kochendes Salzwasser legen. Je nach Größe ca. 10 – 20 Minuten leicht köcheln lassen, mit dem Schaumlöffel herausnehmen.

Braten, aus dem Rohr nehmen, aufschneiden, mit Sauerkraut, Knödeln und dem entstandenen Saft servieren.

Schweinsfilet mit Gemüse in der Folie

Folie

2 PERSONEN

- 2 Karotten
- 4 Kartoffeln, festkochend
- 1 Zucchini (ca. 200 g)
- 1/2 grüner Paprika
- 1/2 roter Paprika
- 172 gelber Paprika
- 200 g Schweinslungenbraten
- Salz, Pfeffer
- 2 EL Petersilie, gehackt
- 2 TL Olivenöl

- Alufolie

TIPP

- Zu diesem Gericht passt Blattsalat.

Nährwerte pro Portion:

kcal	329
Eiweiß	28,5 g
Fett	9,1 g
Kohlenhydrate	31,6 g
Ballaststoffe	11,2 g
Cholesterin	70 mg
Broteinheiten	2,6

ZUBEREITUNG:

Backrohr auf 180 °C vorheizen.

Karotten und Kartoffeln waschen, abbürsten, nicht schälen. Mit dem Sparschäler der Länge nach in feine Streifen hobeln. Zucchini ebenfalls mit dem Sparschäler der Länge nach in feine Streifen hobeln. Paprika in feine Streifen schneiden.

Schweinslungenbraten in sechs Medaillons schneiden, salzen und pfeffern.

Zwei große Stück Alufolie auflegen. Gemüse und Schweinsmedaillons darauf verteilen, mit Salz und Pfeffer würzen, mit gehackter Petersilie bestreuen und mit je 1 TL Olivenöl beträufeln.

Alufolie zu dichten Päckchen verschließen, im vorgeheizten Backrohr ca. 20 Minuten garen.

Inhalt der Päckchen entweder auf Tellern verteilen oder ganze Päckchen auf Teller legen und diese erst bei Tisch öffnen.

Spargelwok mit Lamm und Sesamreis

Wok

2 PERSONEN

100 g Basmatireis
250 ml Wasser
Salz
je 1 TL schwarzer und weißer Sesam
250 g weißer Spargel
250 g grüner Spargel
1 walnussgroßes Stück Ingwer
1 Knoblauchzehe
150 g Lammfilet
Salz, Pfeffer
2 TL Sesamöl
2 EL Sojasoße
50 ml Gemüsesuppe

ZUBEREITUNG:

Basmatireis in leicht gesalzenem heißem Wasser zugedeckt ca. 12 Minuten dünsten, Sesam unterrühren.

Weißen Spargel ganz, grünen Spargel nur im unteren Drittel schälen. Spargel schräg in ca. 1 cm dicke Scheiben schneiden, Köpfe der Länge nach halbieren.

Ingwer und Knoblauch schälen und fein schneiden.

Lammfilet in sehr feine Streifen schneiden, salzen und pfeffern.

Wok erhitzen. Lammstreifen in 1 TL Sesamöl kurz scharf anbraten, aus dem Wok nehmen. Den zweiten TL Sesamöl erhitzen, darin zuerst Ingwer und Knoblauch kurz anrösten, danach Spargelstücke unter ständigem Rühren ca. 4 Minuten garen. Mit Sojasoße und Gemüsesuppe aufgießen, vom Herd nehmen, Lamm wieder zugeben und kurz ziehen lassen.

Spargelwok mit Sesamreis servieren.

Nährwerte pro Portion:

kcal	401
Eiweiß	25,6 g
Fett	11,8 g
Kohlenhydrate	47,0 g
Ballaststoffe	4,9 g
Cholesterin	50 mg
Broteinheiten	3,9

Tandoori-Huhn mit Basmatireis

Römertopf®

2 PERSONEN

150 g Magerjogurt

2 Hühnerbrüste (à 125 g)
Salz
1 walnussgroßes Stück Ingwer
2 Knoblauchzehen
1 TL Paprikapulver
1/2 TL Kreuzkümmel, gemahlen
1/2 TL Koriander, gemahlen
1 Msp. schwarzer Pfeffer, gemahlen
1 Msp. Kurkuma, gemahlen
1 Msp. Kardamom, gemahlen
1 Msp. Muskatnuss, gemahlen
1 Msp. Chili, gemahlen

50 ml Wasser

130 g Basmatireis
300 ml Wasser
Salz

Nährwerte pro Portion:

kcal	394
Eiweiß	36,7 g
Fett	2,1 g
Kohlenhydrate	55,2 g
Ballaststoffe	1,1 g
Cholesterin	85 mg
Broteinheiten	4,6

ZUBEREITUNG:

Magerjogurt in einem über ein Wasserglas gestülpten Kaffeefilter ca. 15 Minuten abtropfen lassen.

Hühnerbrüste etwas einschneiden, damit die Gewürzmischung besser einziehen kann, salzen.

Ingwer und Knoblauch schälen, fein hacken. Abgetropftes Jogurt in eine Schüssel geben, Ingwer, Knoblauch und sämtliche Gewürze zugeben und gut durchmischen. Hühnerbrüste hineinlegen, darin wenden und im Kühlschrank zugedeckt mindestens 6 Stunden, am besten aber einen ganzen Tag ziehen lassen.

Römertopf® mindestens 15 Minuten wässern.

Marinierte Hühnerstücke mit der Marinade in den Römertopf® geben, 50 ml Wasser zugießen. Deckel aufsetzen, Römertopf® ins kalte Backrohr stellen, Rohr auf 200 °C aufheizen und nach Erreichen der Temperatur das Huhn ca. 60 Minuten garen.

Inzwischen Basmatireis in leicht gesalzenem heißem Wasser zugedeckt ca. 12 Minuten dünsten. Tandoori-Huhn gemeinsam mit Basmatireis servieren.

Zitronen-Huhn mit Zucchini

Römertopf®

2 PERSONEN

- 1 unbehandelte Zitrone
- 2 EL Sojasoße
- Salz, Pfeffer
- 2 Hühnerbrüste (à 125 g)
- 1 walnussgroßes Stück Ingwer
- 150 ml Hühner- oder Gemüsebrühe
- 1 TL Zucker
- 1 TL Sesamöl

- 2 Zucchini (à 200 g)

- 100 g Dinkelreis
- 250 ml Wasser
- Salz

- evtl. 1 TL Stärkemehl

ZUBEREITUNG:

Von der Zitrone die Schale abreiben. 1/2 TL Zitronenschale mit 1 EL Sojasoße, etwas Salz und Pfeffer vermischen, die Hühnerbrüste damit einreiben und zugedeckt im Kühlschrank ca. 30 Minuten ziehen lassen.

Römertopf® mindestens 15 Minuten wässern.

Ingwer schälen und feinwürfelig schneiden oder reiben. Zitrone auspressen. Ingwer, Zitronensaft, Brühe, 1 EL Sojasoße, Zucker und Sesamöl vermischen.

Hühnerbrüste in den Römertopf® legen, mit der Zitronensaftmischung aufgießen und mit dem Deckel abdecken. Ins kalte Backrohr stellen, auf 200 °C aufheizen und nach Erreichen der Temperatur die Hühnerbrüste ca. 30 Minuten schmoren lassen.

Inzwischen Zucchini in zentimeterdicke Scheiben schneiden.

Nach 30 Minuten Garzeit Zucchinistücke zu den Hühnerbrüsten in den Römertopf® legen und weitere 30 Minuten bei 180 °C schmoren.

Inzwischen Dinkelreis in leicht gesalzenem heißem Wasser zugedeckt ca. 15 Minuten dünsten.

Hühnerbrüste, Zucchini und Dinkelreis auf Tellern anrichten. Soße evtl. mit Stärkemehl binden und über die Hühnerbrüste gießen.

Nährwerte pro Portion:

kcal	400
Eiweiß	38,9 g
Fett	5,8 g
Kohlenhydrate	44,3 g
Ballaststoffe	7,5 g
Cholesterin	83 mg
Broteinheiten	3,7

Rotes Linsen-Curry mit Schweinefleisch

Wok

2 PERSONEN

- 1 Stange Lauch
- 150 g Schweinslungenbraten
- Salz, Pfeffer
- 1 TL Rapsöl
- 2 EL Sojasoße
- 150 g rote Linsen, getrocknet
- Lorbeerblatt
- 100 ml Wasser
- Curry
- Salz, Pfeffer

ZUBEREITUNG:

Lauch in feine Ringe schneiden.

Wok erhitzen. Schweinslungenbraten in kleine Streifen schneiden, mit Salz und Pfeffer würzen, in Rapsöl im Wok kurz scharf anbraten, aus dem Wok nehmen und zugedeckt bereithalten.

Im Ölrückstand Lauchringe anschwitzen, mit Sojasoße ablöschen, rote Linsen und Lorbeerblatt zugeben. Wasser zugießen, Hitze reduzieren, zudecken und ca. 10 Minuten garen.

Schweinslungenbraten wieder zugeben, gut mischen, mit Curry würzen und eventuell mit Salz und Pfeffer abschmecken.

TIPP

► Zum Linsencurry passt auch Naturreis: 200 g Naturreis kochen und zum Linsencurry reichen. Das Gericht reicht dann allerdings für 4 Personen.

Nährwerte pro Portion:

kcal	305
Eiweiß	32,2 g
Fett	5,5 g
Kohlenhydrate	30,9 g
Ballaststoffe	7,8 g
Cholesterin	53 mg
Broteinheiten	2,6

Wok Chili con Carne

Wok

2 PERSONEN

1 Zwiebel
je 1/2 roter und gelber Paprika
1 Chilischote
1 TL Rapsöl
100 g Putenbrust, faschiert
Salz, Pfeffer
1 Dose passierte Tomaten (400 g)
1 Dose Kidneybohnen (400 g)
100 g Gemüsemais aus der Dose
Salz, Pfeffer
100 g Vollkornbaguette

ZUBEREITUNG:

Zwiebel fein hacken, Paprikaschoten in feine Würfel schneiden. Chili entkernen und ganz fein hacken.

Wok erhitzen, Rapsöl eingießen. Darin Zwiebelstücke und Paprikawürfel kurz anbraten, Faschiertes zugeben und unter ständigem Rühren ca. 3 Minuten braten. Salzen, pfeffern und 3 Minuten weiterbraten, eventuell Hitze reduzieren.

Mit passierten Tomaten aufgießen, Kidneybohnen, Gemüsemais und Chili beigeben und heiß werden lassen. Mit Salz und Pfeffer abschmecken und mit Vollkornbaguette servieren.

Nährwerte pro Portion:

kcal	375
Eiweiß	26,9 g
Fett	6,0 g
Kohlenhydrate	51,9 g
Ballaststoffe	15,9 g
Cholesterin	30 mg
Broteinheiten	4,3

Auch für köstliche Süßspeisen sind Römertopf® und Folie hervorragend geeignet, weil sich die Aromen der Zutaten besonders gut entfalten können. Verwöhnen Sie sich und Ihren Gaumen auch beim Abnehmen mit gefülltem Bratapfel oder gebackenen Früchten.

Verwendete Abkürzungen:

EL	Esslöffel
TL	Teelöffel
l	Liter
ml	Milliliter
g	Gramm
Pkg.	Packung
Msp.	Messerspitze

Süßes

Gefüllter Bratapfel mit Vanillesoße

Römertopf®

4 PERSONEN

50 g Walnüsse	
50 g Dörrzwetschgen	
1/2 unbehandelte Zitrone	
4 mittelgroße Äpfel	
250 ml Magermilch	
1 EL Zucker	
1 EL Vanillepuddingpulver	

ZUBEREITUNG:

Römertopf® ca. 15 Minuten wässern.

Walnüsse und Dörrzwetschgen grob hacken. Schale der Zitrone abreiben und Saft auspressen. Schale mit den Walnüssen und Dörrzwetschgen vermischen, 1 EL Zitronensaft untermischen.

Von den Äpfeln mit einem Apfelausstecher das Kerngehäuse entfernen. Äpfel mit Zitronensaft beträufeln. Äpfel mit der Walnuss-Dörrzwetschgen-Mischung füllen und in den Römertopf® setzen. Deckel schließen.

Römertopf® ins kalte Backrohr stellen, auf 200 °C aufheizen und nach Erreichen der Temperatur die Äpfel ca. 15 Minuten backen.

In der Zwischenzeit 200 ml Magermilch für die Vanillesoße erhitzen, süßen. Puddingpulver in der restlichen Magermilch glatt rühren, diese Mischung in die kochende Milch einrühren und unter ständigem Rühren 1 Minute köcheln lassen. (Vorsicht: Magermilch brennt leicht an!)

Die fertigen Bratäpfel auf Dessertteller auf Vanillesoße servieren.

Nährwerte pro Portion:

kcal	229
Eiweiß	4,8 g
Fett	8,4 g
Kohlenhydrate	32,0 g
Ballaststoffe	5,0 g
Cholesterin	0 mg
Broteinheiten	2,7

Gebackene Bananen und Orangen mit Topfencreme

Folie

2 PERSONEN

- 2 kleine unbehandelte Orangen
- 1 Banane
- 250 g Magertopfen (-quark)
- 70 ml prickelndes Mineralwasser
- 1 EL Honig

- Alufolie

ZUBEREITUNG:

Backrohr auf 180 °C vorheizen.

Von einer Orange die Schale abreiben, danach auspressen. Die zweite Orange mit einem scharfen Messer schälen und filetieren (von den Trennhäutchen befreien).

Banane schälen, der Länge nach halbieren.

Zwei quadratische Stück Alufolie auflegen. Auf jedes Stück je eine Bananenhälfte sowie die Hälfte der Orangenfilets, des Orangensaftes sowie der abgeriebenen Schale verteilen.

Alufolie zu Päckchen verschließen und im vorgeheizten Rohr ca. 15 Minuten backen.

Inzwischen Magertopfen mit Mineralwasser cremig rühren und mit Honig süßen.

Den Inhalt der Päckchen noch warm auf Desserttellern anrichten, mit Topfencreme servieren.

Nährwerte pro Portion:	
kcal	208
Eiweiß	17,4 g
Fett	0,5 g
Kohlenhydrate	30,8 g
Ballaststoffe	3,2 g
Cholesterin	1 mg
Broteinheiten	2,6